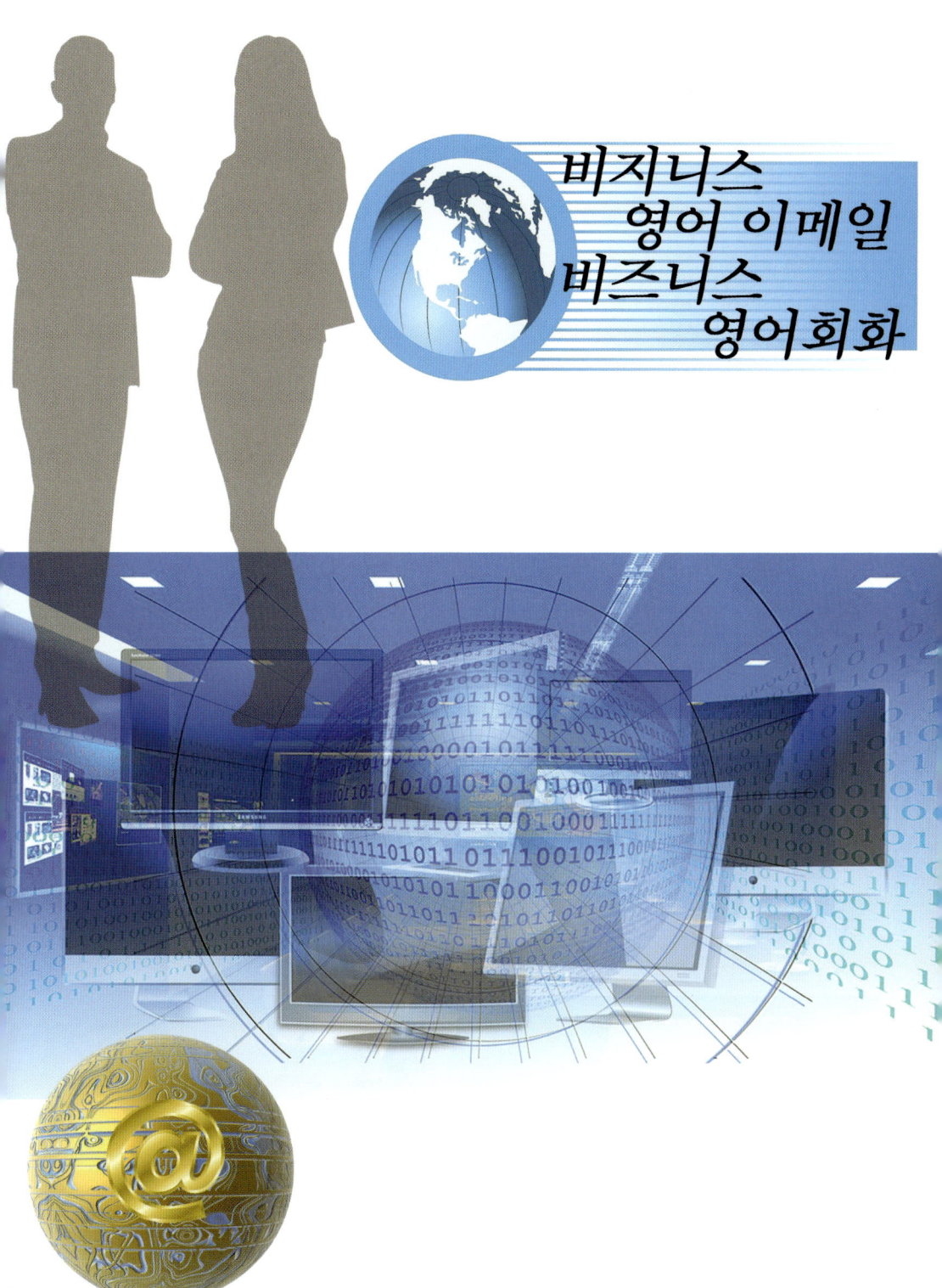

비지니스 영어 이메일
비즈니스 영어회화

Every month,

as we all know too well,

the sales clock resets.

매달

우리가 알 듯이

판매실적 시계는 초기화 된다.

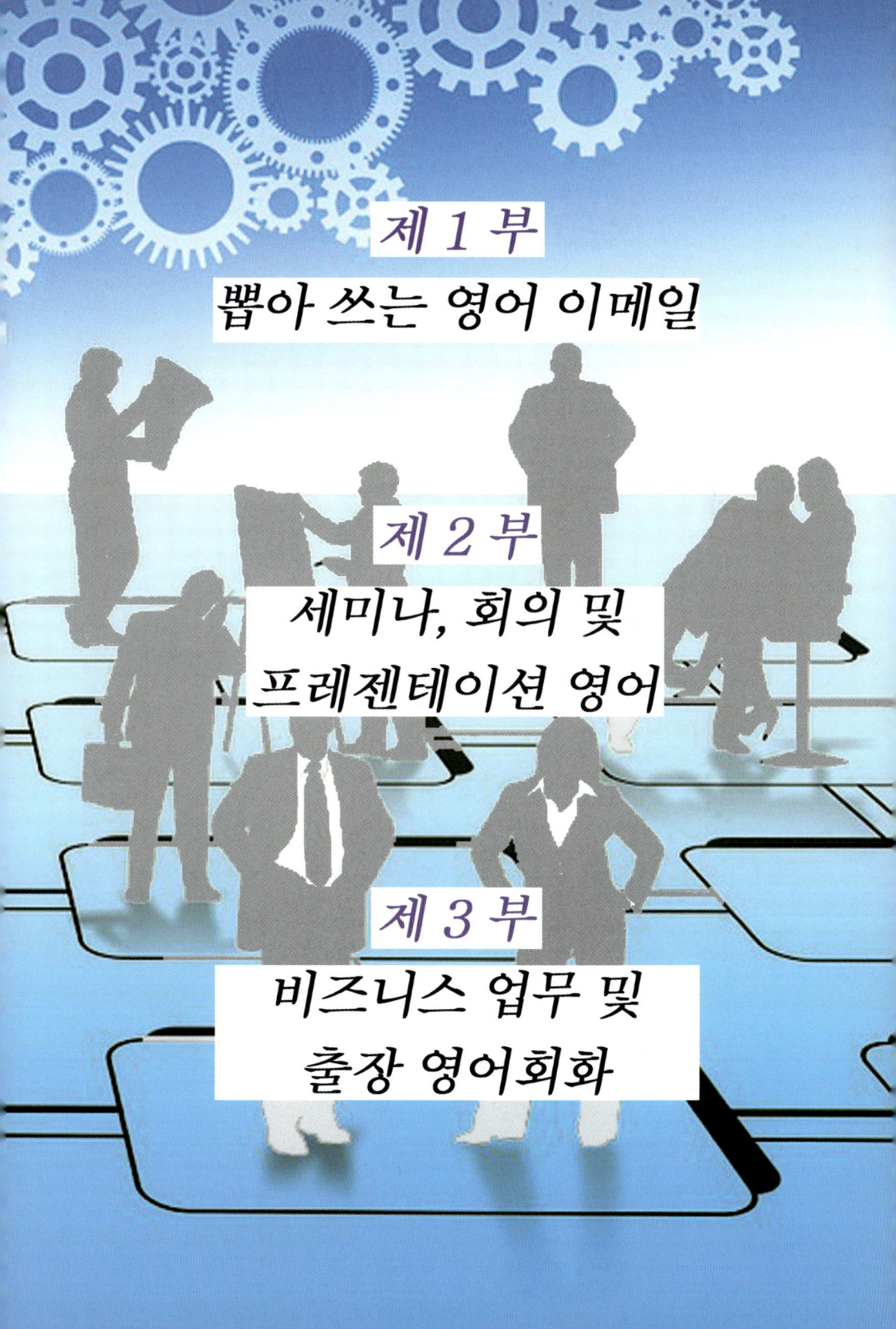

목차

제 1부 뽑아 쓰는 영어 이메일

기본
- 구조 10
- 부서 직위 12
- 주제 시작 14
- 끝맺음 16

거래
- 견적 요청 18
- 견적서 20
- 거래 요청 22
- 거래 답변 24
- 주문 26
- 송장 28
- 판매 30
- 배달 32

업무
- 불만 재촉 34
- 처리 36
- 클레임 38
- 해결 40
- 협상 42
- 감사 44
- 사교 46
- 초대 통보 48

영업
- 판매 문의 50
- 구입 문의 52
- 소개 54
- 마케팅 56
- 판촉 58
- 영업 60
- 협력사 62
- 출장 64

사무
- 회의 66
- 보고서 68
- 상의 70
- 약속 72
- 일처리 74
- 질책 76
- 칭찬 78
- 알림 80

영업외
- 구직 82
- 재취업 84
- 채용 답변 86
- 추천서 88

제 2 부 : 회의, 세미나 및 프레젠테이션 영어

시작	발표	문답	토론	휴식	결론
알림 92	발표 102	질문 112	주재 122	공지 132	본론 142
인사 94	목적 104	되묻기 114	안건 124	휴식 134	검토 144
소개 96	핵심 106	답변 116	상의 126	표현 136	협조 146
시작 98	설명 108	조언 118	제안 128	잡담 138	전망 148
진행 100	요약 110	임기응변 120	의견 130	교류 140	끝맺음 150

제 3 부 : 비즈니스 업무 및 출장 영어회화

사교	업무	업무	항공
인사 154	전화 기본 170	주문 186	예약 202
소개 156	전화 연결 172	영업 188	발권 204
픽업 158	전화 업무 174	거래 190	탑승 206
접대 160	안내 홍보 176	직무 192	기내 208
교류 162	사무 잡무 178	협상 194	연착 210
사생활 164	보고 180	제안 196	수하물 212
취미 166	실적 182	클레임 198	입국 214
사내 활동 168	부서 회의 184	토론 200	세관 216

호텔	교통	음식	관광
예약 218	교통편 234	한식 250	관광 266
숙소 220	지하철 기차 236	식당 252	쇼핑 268
체크인 222	버스 238	주문 254	길찾기 270
룸서비스 224	택시 240	요구 계산 256	환전 은행 272
업무 226	렌터카 242	패스트푸드 258	사진 화장실 274
생활 228	주유 고장 244	편의점 선물 260	범죄 276
불편 사항 230	신호 위반 246	술집 262	분실 응급 278
체크아웃 232	교통 위반 248	파티 264	질병 280

제 1 부

뽑아 쓰는 이메일 영어@

5분 만에 '뚝딱' 완성!

 기본  거래  업무

```
To    (Recipient)              받는 사람
Cc    (Carbon copy)
                복사된 메일을 함께 수신할 수 있는 수신자들
Bcc   (Blind carbon copy)
                자기 외의 받은 사람들을 알지 못하는 수신자들
Subject                        제목(주제)
Text                           본문
          Greeting. (Salutation) – 인사
          Body of the message  – 내용
Closing                        맺음말
Signature                      서명
Contact information  연락처 및 주소
Attachment                     파일 첨부
```

이메일 작성 – 기본 구조

Business email writing 7 skills

1. Keep email short, brief and simple.
2. Keep the subject accurate and to the point.
3. Place the most important words at the beginning.
4. To be a bit more diplomatic than usual.
5. Don't use long words. Use everyday words.
6. Adjust email tone and make a good impression.
7. Try to get a positive response.

 영업  사무  업무외

제목(주제) 예문

1. Ordering goods from your catalogue.
   당신의 카탈로그를 보고 상품을 주문합니다.
2. Your order is being processed.
   당신의 주문이 진행 중에 있습니다.
3. Reminder of Meeting on Monday
   월요일 회의를 상기시켜 드립니다.

구조

Dear -. Hi - . Hello -. Dear team. Hi all.

서두 예문

1. I am writing in reference to your email.
   당신의 이메일 관련하여 이 글을 쓰고 있습니다.
2. Thank you so much for your assistance.
   당신의 도움에 감사를 드립니다.
3. This email is to let you know that -.
   -을 알리려고 이메일을 보냅니다.

부서 직위

Sincerely, Yours truly, Best regards, Respectfully yours,

Full name, Email address, Phone number, Mailing address.

주제 시작

비즈니스 영어 작성법 7가지

1. 이메일은 짧고 간단하게 작성한다.
2. 주제를 정확하고 명료하게 한다.
3. 가장 중요한 단어를 처음에 사용한다.
4. 일상보다는 약간 공식적으로 한다.
5. 긴 문장을 사용하지 말고 쉬운 단어를 사용한다.
6. 톤을 조절하여 좋은 인상을 주어라.
7. 긍정적인 반응을 이끌어낸다.

끝맺음

 기본  거래  업무

부서 Department

사장실 - Office of the President 　　사무국 - Executive Office
비서실 - Secretary's Office, Secretariat 　　홍보부 - Public Relations
기획부 - Planning 　　전략 기획부 - Strategic planning
총무부 - General Administration, General Affair
인사부 - Human Resource, Personnel 　　시스템 사업부 - System Integration
경리부 - Accounting 　　재무부(재경부) - Finance
제작팀 - Manufacturing Team 　　연구개발부 - Research and Development
기술팀 - Engineering Team 　　특허부 - Patent
생산(관리)부 - Production(Control) 　　자재부 - Materials 　　구매부 - Purchasing
디자인팀 - Design Team 　　기술지원팀 - Technical Support Team
영업부 - Sales 　　영업1팀 - Sales Team 1 (국내 - Domestic 해외 - Overseas)
마케팅부 - Marketing 　　전자상거래 - E-business, E-commerce
해외사업부 - International Business, Overseas Operation
시설관리부 - Facility Management 　　법무부 - Law 　　노무부 - Labor Relations
물류부 - Logistics 　　항공업무부 - Air Operation 　　해운업무부 - Ocean Operation
사업부 - Business (수출 - Export, 수입 - Import) 　　물류센터 - Distribution Center
품질관리부 - Quality Control 　　고객관리팀 - Customer Management Team
고객지원 - Customer Support 　　고객만족 - Customer Satisfaction
본사 - Head(Main) Office 　　지사 - Branch Office 　　영업소 - Sales(Business) Office
출장소 - Liaison Office 　　협력업체 - Partner 　　하청업체 - Subcontractor

I'm working for A company.
I work at A company.
I'm with A company.
I work for A company.
I am employed in A company.
저는 A회사에 근무하고 있습니다.

I work at B department.
B 부서에서 근무하고 있습니다.
I'm in charge of C.
C를 담당하고 있습니다.
I used to work in A company.
과거 A회사에 근무했었습니다.

직위 Position

명예회장 - Honorary Chairman, Honorary President
회장 - Chairman & CEO, President & CEO
사장 - CEO, President & COO
(최고 경영자 Chief Executive Officer) (최고 운영 책임자 Chief Operations Officer)
부회장 - Vice Chairman & CEO, Vice President & CEO
부사장 - Vice President & COO, Senior Executive Vise President
이사 - Member of The Board of Director, Executive Director, Director
대표이사 - Representative Director (임시 - Temporary, Provisional)
전무이사 - Senior Managing Director & CFO, Executive Director
최고 재무책임자 - CFO (Chief Financial Officer)
상무이사 - (Junior) Managing Director, Executive Director
최고 투자 책임자 - CIO (Chief Investment Officer)
최고 기술 책임자 - CTO (Chief Technical Officer)
상임고문 - Executive Advisor   고문 - Advising Director, Advisor
감사 - Auditing Director, Auditor   연구원 - Research Engineer
수석연구원 - Principal Research Engineer
책임연구원 - Senior (Chief) Research Engineer
선임연구원 - Senior (Junior) Research Engineer
주임연구원 - Associate (Assistant) Research Engineer
부장, 본부장 - General Manager, Department Manager, Division Director
공장장 - Factory (Plant) Manager   지점장 - Branch Manager
부장대리 - Acting General Manager 팀장 - Team Manager
차장 - Associate Department Manager, Deputy General Manager
과장 - Manager, Section Manager   과장 대리 - Acting Manager
대리 - Assistant Manager, Deputy Section Chief
계장 - Assistant Section Manager, Subsection Chief
주임 - Supervisor, Assistant Manager   직원 - Staff, Employee
직장 상사 - Boss, Senior Staff   부하 직원 - Junior Staff

 기본
 거래
 업무

Subject line (주제) : 메일을 보낸 이유를 알리는 간결한 문장

Notice of Meeting 회의 알림	Request for a Meeting 회의 요청
Meeting Reminder 회의 상기	Meeting Confirmation 회의참석 확답
Confirming Attendance 참석 확인	Notification of Nonattendance 불출석 알림
Meeting Forward Notification 회의 앞당김	Adjustment Meeting Schedule 회의 변경
Notice of Meeting Cancellation 회의취소	Meeting Cancelled 회의 최소됨
Agreement 협약서	Non-Disclosure Agreement(NDA) 비공개 협약서
Project Partnership Agreement 프로젝트 협약서	Process Agreement 실행 협약서
Amendments to Agreement 협약서 수정조항	Second Amendments 두 번째 수정조항
Renewing the Agreement 협약 갱신	Termination Agreement 협약 종결
Draft Contract 계약서 초안	Contract Amendments 계약 수정조항
Notice of Cancellation of Contract 계약취소 알림	Termination of Contract 계약종결
Shipment, Purchasing Order A 주문번호A 배송	Shipment is on its way 배송중
Confirm Order Received 수취 확인	Checking the Status of Shipment 배송상태 확인
Temporarily Out of Stock 재고 일시품절	Delivery is being Delayed. 배송 지연
Request for Payment, Invoice A 송장A 지불요청	Payment for Invoice 송장 지불요청
Payment, Overdue Invoice A 미납송장 A 지불요청	Overdue Notice 미납 통지
Budget Review 예산 검토	Expense Report 지출 내역서
Requesting A Submission A제출 요청	Submit A Report A보고서 제출
Quarterly Sales Report 분기별 판매보고	Quarterly Revenue Report 분기별 수익보고
A Quarter Report A분기 보고	A Quarter Financial Results A분기 재정상태
Visiting Your Company 귀사 방문	Making an Appointment 약속
Itinerary Change 일정 변경	Schedule Change 스케줄 변경
Flight Itinerary 비행 일정표	Hotel Arrangement 호텔 예약
Potential Collaboration on A A 협업 가능성	Request for Information 정보요청
Inquiring about A Services A서비스 문의	Introduction New Product 신제품 홍보
Invite for Loyal Customers 단골초청	Customer Appreciation Sale 고객감사세일
Exclusive Event 독점행사	Loyalty Rewards Program 단골 보상프로그램

 영업  사무  업무외

이메일 시작 기본 예문들

Hi~, Hello~, Dear~, To whom it may concern, To whom is in charge
안녕하세요, ~씨, ~에게, 관련자에게, 담당자에게
I'd like to say hello to you. 안녕하세요.
I'm A with B company. B회사의 A입니다.
I'm a manager of overseas market department. 해외 판매부 과장입니다.
I'm in charge of export. 수출을 담당하고 있습니다.
I'm writing this email because~ ~때문에 씁니다.
I'm writing in regards to~ ~관하여 씁니다.
I am writing on behalf of~ ~을 대신하여 씁니다.
I am sending this email because of~ ~때문에 보냅니다.
We are interested in your product. 당신 제품에 관심이 있습니다.
Would you kindly send me your catalog? 목록을 요청합니다.
Could you send me a sample? 샘플을 요청합니다.
We need more information on the product. 제품정보를 요청합니다.
We are sending latest product brochure. 제품목록을 보냅니다.
Please send me again attachment file. 첨부파일 재요청합니다.
I'd like to inform you that we have a meeting. 회의가 있음을 알립니다.
I confirm that I will be able to make it to the meeting. 참석 알립니다.
I notify you that I will be unable to attend the meeting. 불출석 알립니다.
I'd like to remind you of the meeting. 회의를 상기시킵니다.
We haven't received our order yet. 제품을 아직 못 받았습니다.
We regret that the product is temporarily out of stock. 일시 품절입니다.
We regret that the delivery is being delayed. 배송이 지연되었습니다.
We require 10% deposit in advance. 10% 계약금지불 요청합니다.
We will ship the goods on receipt of your payment. 입금 후 배송합니다.
We send you an email about the overdue payment. 미지급금 요청합니다.
We have received your invoice. 송장을 받았습니다.
We have sent a payment to your account. 계좌로 송금했습니다.

구조

부서
직위

주제
시작

끝맺음

15

The end of the message - 메시지 마지막 문구

Be happy always. 항상 행복하세요.
Have a great day. 좋은 하루 되세요.
Have a good day. 좋은 하루 되세요.
Enjoy your day. 즐거운 하루되세요.
Wishing you a happy weekend. 행복한 주말 되세요.
Hope you enjoy the holidays. 휴일 잘 보내세요.
Always be healthy. 항상 건강하세요.
Take care of yourself. 몸조심 하세요.
Thank you for your time. 시간 내주어 감사합니다.
I look forward to hearing from you. 답장을 원합니다.
I am looking forward to your reply. 답장을 기다립니다.
If you need anything, do not hesitate to contact me. 필요하면 연락주세요.
If you require any information, feel free to contact me. 정보 원하면 연락주세요.
If you need any further information, let me know. 더 정보 필요하면 연락주세요.
Please let me know if you have any questions. 궁금하면 알려주세요.
I hope the above is useful to you. 당신에게 도움이 되었길 바랍니다.
Please contact me if there are any problems. 문제 있으면 열락주세요.
Let me know if you need anything else. 필요하면 알려주세요.
I'm very grateful for everything you have done for me. 모든 것에 감사드립니다.
I'll never forget your kindness. 당신의 친절을 결코 잊지 않겠습니다.
I'll return your kindness one day. 언젠가 보답하겠습니다.
We look forward to a successful working relationship. 지속적인 관계 기대합니다.
Please advise as necessary. 필요하면 도움말 주세요.
I'd appreciate your immediate attention to this matter. 이 문제 신경 써 주세요.
Please feel free to call me any time 부담 없이 전화주세요.
Please call to make an appointment. 약속 정하게 전화주세요.
Call me, no matter when. 언제든지 전화주세요.
Come and see me anytime. 언제든지 보러오세요.

영업   사무   업무외

I look forward to seeing you soon. 곧 만나길 기대합니다.
I look forward to meeting you. 만나길 기대합니다.
Thanks for all of your help. 도움 고맙습니다.
Thank you for your assistance and support. 도움 감사드립니다.
I really appreciate the help. 도움 감사합니다.
Thank you for all your kindness. 친절에 감사드립니다.
I appreciate all your care. 당신의 후의에 감사드립니다.

 구조

Closing 맺음말

Formal (격식)

Sincerely, Yours truly, Best regards, Most heartily,
Respectfully yours, All the best, All the best of success
Warm regards, Best wishes, Regards, With anticipation
Warmly, Yours sincerely, Yours faithfully, Warmest regards
Kind regards, With regards, Many thanks, My best to you
Warmest, With appreciation, Yours obediently, With best wishes

 부서 직위

Informal (친한 사이)

Yours, Take care, Thanks, Cordially, My best,
Have fun, Keep smiling, Goodbye, All best
Cheers, Forever yours, Love always, Bests
Regards, Yours lovingly, Love and happiness
Be well, Peace, See you around, Best wishes

 주제 시작

Signature - 서명   Contact Information - 연락처 및 주소

First Name Last Name
Street Address
City, State, Zip, Country
Email address
Phone number
More information

Attachment 파일 첨부

 끝맺음

기본 거래 업무

Hi. We are interested in your products.
Would you please provide us with a quote for the following items?
1. Prices FOB for Product A, B, C
2. Payment Terms
3. Handling Time
4. Minimum Order Quantity (MOQ)
5. Specified delivery date from the Date of Order
We would appreciate a quick reply.
Best Wishes,   Purchasing Manager.   Contact Email:

안녕하세요. 귀하의 제품들에 관심이 있습니다.
다음과 같은 품목들의 견적서를 저희에게 보내주시겠습니까?
1. FOB 가격 (제품 A, B, C)
2. 지불 조건
3. 주문을 처리하는데 소요되는 기간
4. 최소 주문 수량
5. 주문날짜부터 소요되는 정확한 배송 날짜
빠른 답변 부탁드립니다.   구매과장.   연락처 이메일:

We'd like to get a quote on the following products : A, B.
Price : CIF, Incheon Port. Korea.
Product : A. Quantity : 200 units. Product : B. Quantity : 200 units.
Let me know the volume discount, delivery time and payment terms.
If you have any questions, please let me know.
I look forward to hearing from you soon.

다음과 같은 제품들에 대한 견적서를 받고 싶습니다. 제품 A, B.
인천항까지의 보험, 운임포함 가격
제품 : A 수량 : 200개. 제품 : B 수량 : 200개.
다량구매 할인, 배송기간, 결제조건도 알려주세요.
문의사항 있으면 알려 주십시오.
빠른 답변 기다리겠습니다.

 영업    사무    영업외

I am writing to request a quote for your product A.
Price : CIP, Incheon Airport, Korea, Quantity : 200.
We need them urgently. Please reply within a couple of days.
A제품에 대한 견적서를 받고 싶어 보냅니다.
한국 인천공항, 지정목적지 운송비 보험료 지급인도, 수량 200개입니다.
급하게 필요합니다. 이틀 안에 연락 주십시오.

FOB (Free on Board 본선인도 가격)
 : 수출회사가 선적항에 선적할 때까지의 운송비용을 부담.
CIF (Cost, Insurance and Freight 보험, 운임포함 가격)
 : 수출회사가 도착항까지의 운송비용, 보험료를 부담.
CFR (Cost and Freight 운임포함 가격)
 : 수출회사가 도착항까지의 운송비용을 부담.
CIP (Carriage and Insurance Paid To 지정목적지 운송비 보험료 지급인도)
 : 수출회사가 지정된 도착지까지의 운송비용, 보험료를 부담.
CPT (Carriage Paid To 지정목적지 운송비 지급인도)
 : 수출회사가 지정된 도착지까지의 운송비용을 부담.
FCA (Free Carrier Agreement 지정목적지 운송인 인도조건)
 : 수출회사가 지정장소에서 매수인이 지정한 운송인에게 인도하는 조건.
DAP (Delivered At Place 지정목적지 인도조건)
 : 수출회사가 지정된 장소까지의 운송비용, 보험료를 부담.

Expected Ship Date : Month, Day, Year (예상 발송일)
ETD (Estimated Time of Departure) (출발 예정일 또는 시간)
ETA (Estimated Time of Arrival) (도착 예정일 또는 시간)
ATD (Actual Time of Departure) (실제 출발일 또는 시간)
ATA (Actual Time of Arrival) (실제 도착일 또는 시간)
Certificate of Origin (원산지 증명서)
Minimum Purchase Quantity (MPQ) (최소 구매수량)
Minimum Order Quantity (MOQ) (최소 주문수량)

We are pleased to quote our best price
　　　on the terms and conditions as follows.
우리 제품을 아래의 조건으로 좋은 가격에 견적하게 되어 기쁩니다.

Quote (Price Quote, Quotation, Estimate) : 견적서

Item # (Catalog #) : 항목(목록)　Description : 내용 (상품 명세)
Unit Price (Price per Unit) : 단가　Quantity (Total Number of Pieces) : 수량
Subtotal : 소계　Taxable : 과세　Sales Tax Rate (VAT Rate) : 판매 세율
Sales Tax, VAT (Value Added Tax) : 판매세 (부가가치세)
Total Amount, (Price, Total Due) : 총액
Terms and Conditions (조건, Other Comments or Special Notes 고지, 알림)
Delivery Terms (Expected Ship Date) : 배송조건 (예정 발송일),
− Can be shipped within 14 days from receipt of the purchase order.
　구매주문서 수령 후 14일 이내 발송 가능함.

Payment Terms : 지불 조건
− Payment must be made in full before the delivery by wire transfer.
　Total amount must be paid prior to shipment by bank wire transfer.
　Payment is due before shipment by T/T (Telegraphic Transfer).
　100% T/T payment (bank account) in advance.
　Payment will be due prior to delivery of products by bank transfer.
　물품 배송 전에 전신환(은행계좌 송금)으로 전부 선지급 바랍니다.
− 50% Bank T/T in advance, Balance by L/C at sight
　50% 전신환 송금으로 선지급, 잔금은 일람출급 신용장으로.
− By confirmed irrevocable L/C payable at sight.
　취소불능 확정된 일람출급 신용장으로.
− Bank wire transfer within 14 days after receipt.
　수령 후 14일 이내 은행 계좌이체로 지불 바랍니다.
− Payment due in 15 days.
　15일 이내 지급바랍니다.
− Total payment is due within 30 days.
　30일 이내 모두 지급 바랍니다.

 영업    사무    영업외

We are pleased to estimate as follows :

Product A.

Price $50/unit, CIF Shanghai Port, China.

(Port of loading : Incheon Port, Korea

 Final destination : Shanghai Port, China)

Quantity : 500. Total Amount : － .

Volume (Bulk, Quantity) discounts are not available.

(If you order more than 2000 units, we can provide 3% discount.)

Delivery (Expected Ship Date)

: Within 30 days after receipt of the purchasing order

  and down payment.

Payment Terms

: 20% down payment by T/T with signed P/I (Proforma Invoice)

  and balance of 80% by irrevocable L/C at sight.

If you have any questions concerning this quote, contact －.

We look forward to receiving your order.

다음과 같이 견적합니다.

A제품.

단가 50불, 중국 상하이항까지 보험, 운임포함 가격.

(적하항 : 한국 인천항, 최종목적지 :중국 상하이항)

수량 : 500개. 총액 : －

대량구매 할인은 없습니다.

(2000개 이상 주문 시 3% 할인을 해 줍니다.)

배송 (예정 배송일) : 구매 주문서 및 계약금 수취 후 30일 이내.

지불 조건 : 서명된 견적 송장과 전신환으로 20% 계약금.

          80% 잔금은 취소불능 일람출급 신용장으로.

문의할 사항이 있으면 －으로 연락 주십시오.

주문을 기다리겠습니다.

We are very interested in your products listed on your website.
We would like to start discussion on these products
because this will be our first purchase from your company.
We want to know more details.
Please send to us best price and specification of products.
(Prices FOB, MOQ, Payment Terms, Delivery)
If your product's price and specifications meet the conditions,
then we will contact with you for business dealing.
Please your quick reply will be highly appreciated.
귀하의 웹사이트에 있는 제품들에 관심이 있습니다.
귀사에서 처음 구매하는 것이라 이 제품들에 대해 상담하고 싶습니다.
좀 더 자세한 것들을 알고 싶습니다.
가장 좋은 가격 조건과 제품 명세를 보내주십시오.
(FOB 가격, 최소 주문 수량. 지불 조건, 배송.)
가격이나 명세가 조건에 맞으면, 사업거래를 위해 연락드리겠습니다.
빠른 답변 해주시면 정말 고맙겠습니다.

I am interested in purchasing your products.
I am writing to request a quote for your product A.
Price- FCA, Busan Port, Korea, Quantity-500.
Let me know the volume discount, delivery time and payment terms.
I look forward to hearing from you soon.
당신의 제품을 구입하는데 관심이 있습니다.
A제품에 대한 견적서를 받고 싶어 보냅니다.
한국 부산항 운송인 인도조건 가격. 수량-500개입니다.
다량구매 할인, 배송기간, 결제조건도 알려주세요.
빠른 답변 기다리겠습니다.

We are very interested in your products.
We hope to have a good business relationship with your company.
Would you kindly send us your product list and price list?
Below is our company's contact information.
Please do get back to us through our e-mail address.
Thank you in advance for your cooperation.
당신의 제품에 관심이 있습니다.
귀사와 좋은 비즈니스 관계를 맺기를 희망합니다.
귀사의 제품과 가격표를 보내주시겠습니까?
아래는 저희 회사의 연락처입니다.
이메일을 통해 저희들에게 답변해 주십시오.
협조에 미리 감사드립니다.

We are interested to buy a license for your product.
Can we purchase through volume licensing?
We'd like to know about the licensing and payment options.
Please contact us through email.
귀사 제품의 라이선스 구입에 관심이 있습니다.
볼륨 라이선스로 구입이 가능합니까?
라이선스와 지불 옵션 등을 알고 싶습니다. 이메일로 연락 주십시오.

I am interested in purchasing your products.
I sincerely hope to establish a business relationship with you.
Please kindly send me your latest catalog.
Also inform me about the Minimum Order Quantity, Delivery Time,
FOB Prcie and Payment Terms. Your early reply is highly appreciated.
귀하의 제품을 구입하는데 관심이 있습니다.
귀하와 비즈니스 관계가 되길 진심으로 희망합니다.
저에게 귀하의 최신 카탈로그를 보내주십시오.
그리고 최소 주문수량, 배송 시간, FOB 가격과 지불 조건들을 알려주세요.
빠르게 답변해 주시면 정말 고맙겠습니다.

The prices of products on the website are FOB price.
Shipping is not included in the price, it will become responsibility of buyer.
There is the MOQ(Minimum Order Quantity) of 1,000 units.
We only receive for payment by T/T(Bank Transfer).
We require 50% advance payment(deposit) before we start production.
Shipment will be made within 30 days after receipt of the 50% prepayment.
And the remaining(balance) 50% should be finalized after you receive the B/L
(Bill of Lading), invoice, packing list and certificate of origin by email or fax.
웹사이트상의 가격표는 FOB 가격입니다.
배송비는 포함이 되어있지 않고 구매자 부담입니다.
최소 주문 수량은 1000개입니다.
결제는 전신환 송금(은행 송금)만 받습니다.
제품 생산 전에 50% 선금을 받고, 배송은 선금 지급된 후 30일 이내 됩니다.
그리고 나머지 50% 잔금은 이메일이나 팩스로 선하증권, 송장, 포장명세서,
원산지 증명서를 받은 후 완납해주셔야 합니다.

Thank you for your request for more information concerning our products.
I am sending you our illustrated catalog containing descriptions of
our entire products with current price listings.
We are willing to discuss business transaction with you and sincerely
hope to establish a long lasting business relationship with you.
우리 제품에 관해 추가 정보를 요청하여 감사드립니다.
우리 모든 제품의 설명과 현재 가격의 카탈로그를 보냅니다.
귀하와 기꺼이 거래에 대해 논의하고 싶고 오랜 거래관계가 되길 희망합니다.

 영업
 사무
 영업외

We take pride in offering the quality products at the lowest prices.
In appreciation of your interest, we would like to offer you a 5%
discount on your first order and invite you to become one of our
many satisfied customers.
If you have any further questions, I would be happy to assist you.
As new products become available, we continually send a new
catalog and sale prices several times a year.
We are hoping to build a business relationship with you.
낮은 가격에 질 좋은 제품을 공급하는데 자부심을 가지고 있습니다.
귀하의 관심에 감사드리며, 귀하의 첫 주문에 5% 할인을 드리며
만족하고 있는 다른 고객 중 하나가 되길 바랍니다.
다른 궁금한 것들이 있으면 기꺼이 도움 드리겠습니다.
새로운 제품들이 나오므로, 일 년에 몇 차례, 새 카탈로그와 가격표를
계속 보내드리겠습니다. 귀하와 사업관계를 맺고 싶습니다.

We thank you for your interest in our products.
I have attached brochure showing all our models and current prices.
As you will no doubt notice, our prices are somewhat higher than
others. However, our products are of such superior quality and
durability. Please review the catalog, and when you are ready to
order, or if you just have a question, please feel free to contact us.
우리 제품에 관심을 주어 고맙습니다.
우리의 모델과 지금의 가격이 담긴 책자를 첨부했습니다.
귀하가 아시다시피, 가격들이 타사보다 조금 높습니다.
하지만 우리 제품들은 뛰어난 품질과 내구성을 가지고 있습니다.
카탈로그를 보시고 주문을 하시거나, 문의할 사항이 있으면,
주저하지 말고 연락을 주십시오.

견적요청
견적서
거래요청
거래답변
주문
송장
판매
배송

I am writing to order your product and attaching PO (Purchase Order).
Please kindly supply the following products
 under the terms and conditions as below.
귀사 제품을 주문하고자 하며 구매주문서를 첨부합니다.
아래 조건으로 제품들을 공급해주시기 바랍니다.

Vendor (Seller, Supplier) : 공급업체 (판매자, 공급자)
PO No # : 주문서 번호
PO Date : Month, Day, Year (주문서 날짜)
 No. Quantity. Item Code. Description. Unit Price. Discount. Amount
(번호. 수량. 품목 번호. 종류.   단가.   할인.   가격)
 Total Amount (총액)   (Currency Code – USD : 통화 –미국달러)
PO validity : The validity of this PO is one month from the date of this PO.
(구매주문서 유효일 : 이 구매주문서 발급일로부터 한 달간)
Shipping Terms : CIF, Incheon Port, Korea
(배송 조건 : 한국 인천항. 보험, 운임포함 가격)
Shipping Expiry Date (Delivery Time : Before) : Month, Day, Year (-까지)
Payment Terms : By D/P in favor of A company
(지불 조건 : Document against Payment 결제 후 서류인수)
Document should be sent to A Bank.
(서류는 반드시 A은행으로 보내주십시오.)
Shipping Documents required are : (필요한 선적 서류들)
1. Signed commercial invoice in triplicate (서명된 상업 송장 3부)
2. Packing list in triplicate (포장명세서 3부)
3. Bill of Lading (B/L) (선하증권)
4. Certificate of Origin (원산지 증명서)
5. Quality Certificate (품질 증명서)
6. Insurance : Marine insurance in duplicate (보험 : 해상보험 2부)

 영업  사무  영업외

We'd like to order A product, Item number #.
What's the minimum quantity acceptable to order?
Can you give us a discount on a volume purchase?
Please let us know about delivery time and payment term.
We will be sending PO (purchase order) after receiving your reply.
A제품 # 품목을 주문하고 싶습니다.
최소 주문(발주) 수량이 어떻게 됩니까?
대량으로 구매할 시 할인해 줍니까?
배송시간과 결제 조건을 알려주시기 바랍니다.
귀하의 회신을 받은 후 구매주문서를 보낼 것입니다.

Thank you for your quote. I'd like to ask something about the price.
Does the price include the Cost of Insurance and Freight(CIF)?
If not include, would you send the new quote again?
견적서 감사합니다. 가격에 대해 몇 가지 확인할 것이 있습니다.
가격에 보험, 운임이 포함된 가격(CIF)입니까?
포함되지 않았으면 다시 새 견적서를 보내주시겠습니까?

We have faxed the PO. Please confirm receipt of an order.
구매주문서를 팩스로 보냈으니 주문을 확인해 주시기 바랍니다.

We have sent a PO to your company by fax.
Please check it and confirm receipt of an order.
구매주문서를 귀사에 팩스로 보냈습니다. 체크 후 확인해 주십시오.

We received your quote.
We are pleased to place an order with your company for A.
Please let us know when the products are expected to arrive.
견적서를 받았습니다. A제품을 귀사에 주문하겠습니다.
물품이 언제까지 도착할지 알려주시기 바랍니다.

We'd like to place another order.
How much discount can you offer us?
추가 주문을 하고 싶습니다. 저희에게 얼마나 할인해 줄 수 있습니까?

Thank you! We really appreciate your business.
We are sending you the invoice.
We do expect payment within 14 days,
There will be a 1% interest charge per month on late invoice payment.
거래 감사합니다. 송장을 보냅니다.
14일 안에 지불해 주시기 바랍니다.
송장 지불이 늦으면 매달 1%의 이자가 붙을 것입니다.

Invoice # : 송장 번호   Invoice Date : 송장 발행일
Exporter (Seller, Shipper, From) : 수출업자(판매자, 공급자)
Importer (Buyer, To) : 수입업자(구매인)
Consignee : 수화인 (수탁인) – Same as Buyer
Notify Party : 통지처 (화물도착 통지를 받을 수입업자나 운송업자, 대리인)
PO (Purchasing Order) Number : 구매 주문서 번호
Due Date (Payment Terms) : 지급 만기일 (지불 조건)
Balance Due : 미지급금, 잔금
L/C (Letter of Credit) Number & Date : 신용장 번호, 발행일
Departure Date (Sailing on or about) : 배송일 (출항일)
Port of Loading (From) : 선적항 (출항지)
Final Destination (To) : 최종 목적지 (도착지)
Vessel/Flight (Carrier) : 선박, 항공 (운송사)
Terms of Delivery and Payment (배송 및 결제 조건)
Shipping Marks : 화물의 포장 표시
No & Kind of Package : 화물의 수량 및 포장 종류
   Item #. Description. Unit Price. Quantity. Amount
(품목번호.   종류.   단가.   수량.   가격)
Subtotal : 소계   Taxable : 과세 Sales Tax Rate, VAT Rate : 판매 세율
Sales Tax, VAT (Value Added Tax) : 판매세 (부가가치세)
Total Amount (Price, Total Due) : 총액
Terms and Conditions(조건, Other Comments or Special Notes 고지, 알림)

 영업  사무  영업외

Terms and Conditions (조건)

Payment is due within 14 days.
14일 이내 지급 바랍니다.
Please pay your invoice within 30 days of the date of invoice.
송장 발급일 후 30일 이내에 지불해 주십시오.
Net 30 (Payment 30 days after invoice date)
송장 발행일부터 30일 이내에 지불해 주십시오.
2% 10 days, Net 30 (2% discount can be taken if payment is received in full within 10 days of the date of the invoice, and that full payment is expected within 30 days.)
송장 발행일부터 30일까지 지급 바람. 단 10일 안에는 2%할인.
Payments are to be made in U.S. dollars.
지불은 모두 미국 달러로 합니다.
Overdue accounts subject to a service charge of 1% per month.
미납시 매달 1%의 서비스비용이 추가됩니다.
Prices invoiced will be those in effect at time of shipment.
송장 가격은 선적된 시간부터 유효합니다.
Seller reserves the right to place a service charge on past due accounts at the highest rate permitted by law.
판매자는 지불이 늦어지면 법에 의한 최고이율을 청구할 권리가 있습니다.
If the invoice isn't paid within 30 days,
a 5% delayed payment fee per month is charged.
만약 송장 발행일 30일내 지급이 안 되면, 매달 5% 연체료가 청구됩니다.
Import duties, taxes, and charges are not included in the price or shipping cost and these charges are the buyer's responsibility.
수입 관세, 세금, 비용은 가격, 배송비에 포함 안되었고 구매자의 책임입니다.
If you have any questions concerning this invoice, contact -.
만약 이 송장과 관련하여 문의할 사항이 있으시면 -으로 연락 주십시오.

 기본  거래  업무

We are glad to receive a purchase order. We confirm your order placed by fax on June 17. Your order will be shipped within July 15.
구매주문서를 받아 기쁘군요. 6월 17일 팩스 주문을 확인합니다.
주문된 물품은 7월 15일 안으로 배송이 될 것입니다.

We appreciate your first order. We offer a 3% discount if the buyer orders more than 500 units and a 5% discount if the buyer orders more than 1000 units. Prepayment is required and sales tax will be added to products. Delivery will be scheduled after the bank wire transfer of prepayment.
첫거래 감사드립니다. 구매자가 500개 이상 주문할 경우
3% 할인을 해주고, 1000개 이상 주문시 5% 할인을 해줍니다.
선납금이 요구되고 주문품들에 판매세가 부가될 것입니다.
배송은 선입금 계좌이체 후 스케줄이 잡힐 것입니다.

Purchase order is required and 50% deposit is payable in advance.
We can ship it on receipt of your PO and bank wire transfer.
구매 주문서가 필요하고 50% 선납해야 합니다.
구매주문서와 계좌이체를 받는 대로 곧 보내 드릴 수 있습니다.

Thank you for your PO of June 17. Your order will receive our best attention. The products will be shipped shortly.
6월 17일 구매주문서 고맙습니다. 귀사의 주문에 성심껏 응해 드리겠습니다.
주문품은 곧 배송될 것입니다.

We haven't received your PO. Please send it again by fax.
구매주문서를 받지 못했습니다. 팩스로 다시 보내주십시오.

We are in receipt of your order for A.
Prices in catalog do not include tax and shipping fee.
Delivery will take two weeks after receiving your PO.
A에 관한 귀사의 주문을 접수했습니다.
목록의 가격에는 세금이나 배송 비용이 포함되어있지 않습니다.
제품은 주문서를 받고 2주 후에 배송이 될 것입니다.

 영업  사무  영업외

We confirm your PO as follows : －－－－.
Your order will be shipped on June 17.
Thanks. We look forward to receiving your order again soon.
귀하의 구매주문서를 다음과 같이 확인합니다.
주문품은 6월 17일 발송될 것입니다.
감사합니다. 조만간 또 주문을 받을 수 있기를 기대하겠습니다.

We appreciate your interest for our products.
There was a rush of orders. The products are in short supply.
I am afraid we can't fill the order until the date you want.
저희 제품에 관심을 가져주어 감사합니다.
주문이 쇄도했습니다. 상품 공급이 딸립니다.
원하시는 날까지 주문에 맞출 수 없어 죄송합니다.

We will send you an invoice for the total price.
If you have a question about this invoice, please let us know.
Payment is required within 30 days of the invoice date.
전체 가격에 대한 청구서를 보내드리겠습니다.
이 송장에 관해 의문이 있으시면 알려주십시오.
송장 날짜로부터 30일 이내에 지불하셔야 합니다.

I am sorry the products are currently out of stock.
We are unable to fill your order.
We seem to be able to fill the order from the next month.
제품들이 지금 품절되었습니다. 귀사의 주문에 응할 수가 없습니다.
다음 달부터 주문에 응할 수 있을 것 같습니다.

The products are already packaged up and ready to be sent.
Cancelled orders are subject to a 25 % cancellation fee.
제품들은 이미 포장이 되어 발송 준비가 되어 있습니다.
취소된 주문품에는 25%의 취소 수수료가 부과됩니다.

The products you ordered will be sent tomorrow.
The estimated delivery day is June 17.
Thank you for doing business with us.
주문하신 물품들이 내일 발송됩니다.
예상 배송날짜는 6월 17일입니다.
저희와 거래해주셔서 감사드립니다.

We are shipping the products you ordered this afternoon.
The expected date of arrival is June 17.
Thank you for your patronage.
주문하신 물품들을 오늘 오후 배송할 것입니다.
예상 도착일은 6월 17일입니다.
단골 거래 감사드립니다.

The products will be shipped the day after receiving PO.
But payment will be due prior to delivery of products.
구매 주문을 받은 다음날 물품이 발송될 것입니다.
하지만 배송 전 지불해주시기 바랍니다.

We have shipped your order today.
The estimated time of arrival(ETA) is June 17.
We attached the invoice and packing list.
The payment is due upon receipt of products.
오늘 귀하의 주문품을 발송했습니다.
도착 예정 날짜는 6월 17일입니다.
송장과 물품 포장목록을 첨부했습니다.
물품을 수령 즉시 지불되어야 합니다.

 영업  사무  영업외

We apologize to you for the delay in delivery of the products.
The products you ordered will be sent tomorrow.
저희들에게 주문한 물품 배송이 늦어 정말 죄송합니다.
귀하가 주문하신 제품은 내일 발송될 것입니다.

This is in regard to your PO which you placed with our company on June 17. We sincerely apologize to you for the delay in delivery of the products you ordered with us. Due to irregularities in the manufacturing department, this inconvenience has been caused to you. We are trying our best to minimize the delay as much as possible to reduce your trouble. We will ship your order as fast as we can. Maybe we will be able to ship normally by the end of next week.
6월 17일 당사에 구매 주문서에 대한 것입니다. 저희들에게 주문한 물품의 배송이 늦어 죄송합니다. 제작부서에서의 불규칙한 생산 때문에 이런 불편이 야기되었습니다. 귀하의 불편을 줄여드리고 배송지연을 늦추기 위해 최선을 다하고 있습니다. 가능한 빨리 주문품을 배송할 것입니다. 아마도 다음 주 말까지는 정상적으로 배송이 될 것 같습니다.

I apologize for any delay with getting your order.
We are flooded with a large number of unexpected orders this month and all this has led to this delay. Orders are backed up so you need to wait a bit. Your order will be shipped 2 weeks after we receive PO.
주문 처리가 늦어 죄송합니다.
이달에 예기치 않게 너무 많은 주문을 받아 늦어지게 되었습니다.
주문이 많이 밀려서 조금 기다리셔야 합니다.
구입 주문서를 받은 후 2주 뒤에 발송될 예정입니다.

We sincerely appreciate doing business with you. This is to inform you that your payment of invoice # is long overdue by more than 15 days now. You are a valuable customer for our company and we want to continue to serve you diligently.   To maintain healthy relations, we request you to please clear your overdue within the next 7 days by the 17th of June at the latest. If for any reason you cannot make the entire payment at one go, then please contact us within 7 days so that we can decide upon part time payment terms which are mutually acceptable to both the parties. Please free to contact our office if you have any other opinion regarding this matter. We look forward to assisting your company in the future years.
저희와 거래를 함에 감사드립니다. 이 메일로 송장 #에 대해 지불이 15일 넘었다고 알립니다. 귀하는 당사의 중요한 고객이며, 지속적으로 열심히 협업하길 원합니다. 좋은 관계를 유지하기 위해, 늦어도 6월 17일까지 7일 안에 지불해 주시길 요구합니다. 한 번에 전부 지불하시기 힘들면 7일 안에 연락주어 서로가 합의할 수 있는 방안을 결정하시길 바랍니다. 이 문제에 대해 다른 의견이 있으시면 저희 사무실로 부담없이 연락 주시기 바랍니다. 앞으로도 계속 귀사와 협업하길 기대합니다.

We are deeply disappointed that we haven't received products yet. You promised us that you would send us the products till yesterday. Please let me know what's causing the delay?
 What's the date of arrival? We look forward to your quick reply.
 제품들을 아직 받지 못해 정말 실망했습니다.
 어제까지 제품들을 배송하기로 약속했습니다.
 지연되는 이유를 알려주시겠습니까?
 도착 날짜가 언제입니까? 빠른 답변 부탁드립니다.

 영업    사무    영업외

I wish to complain about your product. I have ordered many items from your company and have always been pleased in the past, however with this item, I am disappointed and would require you to replace this products. Some products are defective, different in size and of inferior quality. We are going to return your products. Please send us another new products immediately. I expect to hear back from you with a full resolution this issue within several days.
귀사 제품에 불만을 표하고 싶습니다. 귀사에서 많은 제품들을 주문하고 과거에 만족했었습니다. 하지만 이번 제품은 정말 실망했고 교체 받고 싶습니다. 몇몇 제품들은 불량이고, 크기도 다르며 질이 떨어집니다. 귀하의 제품들을 돌려보내려 합니다. 다른 새로운 제품들로 보내주시기 바랍니다. 며칠 내로 이 문제를 해결하겠다는 소식을 기다리겠습니다.

I ordered your product on June 17 and just received my order. I'm afraid the product delivered is not what I ordered.
I am returning the product. I need this product for my business, and therefore I am requesting that you send me a replacement rather than a refund. Thank you in advance for your prompt attention to this matter.
6월 17일 귀하의 제품을 주문했고 지금 받았습니다. 제가 주문한 것과 다른 제품이 배달되었습니다. 이 제품을 반환합니다. 사업상 필요하므로 환불보다는 다른 것을 보내주십시오. 신속히 해결해 주시기 바랍니다.

We regret to inform you that a few items are missing. I need these items urgently. I am attaching packing list photos. I am hoping that you may be able to send me the omitting products quickly.
I look forward to hearing from you soon. Thank you in advance.
품목 몇 개가 빠졌다는 것을 알려드리고자 합니다. 이 품목들이 급하게 필요합니다. 포장 명세서 사진을 첨부했습니다. 빠진 제품들을 빨리 보내주시기 바랍니다. 빠른 연락 바라며 미리 감사드립니다.

We don't know how to express our apologies to your company.
We did know that the payment is overdue. Unfortunately we are experiencing financial difficulty. We are short of cash right now.
We don't wish to lose a valuable partner like your company.
Hence, we'd like to request you to extend the payment period to continue to maintain amicable relationships. Once again, we are sorry.
귀사에 죄송한 마음 금할 길이 없습니다. 지불이 연체되는 것을 알았습니다. 불행하게도 지금 자금난을 겪고 있습니다. 현금이 부족합니다. 귀사와 같은 파트너를 잃고 싶지 않습니다. 그러므로 우호적인 관계를 위해 지불기간을 연장해 주길 요청하고 싶습니다. 다시 한 번 죄송합니다.

We apologize for your inconvenience. Due to an oversight on our part, we failed to make the payment of -$ on invoice # in time.
We have wired to your account for invoice # a little while ago.
We sincerely apologize for this mistake.
불편하게 해서 죄송합니다. 우리 부서의 실수로 송장#에 대한 지불을 제 시간에 못했습니다. 조금 전에 송장 #에 대한 대금을 귀사의 계좌로 송금했습니다. 이번 실수에 대해 정말 죄송합니다.

We regret that the product is temporarily out of stock and delivery is being delayed. The products will be shipped by A at the latest. We apologize for your inconvenience. We will do our very best to continue to meet your needs. We look forward to doing business with you for many years to come.
상품이 일시적으로 품절되어 배송이 지연되어 유감입니다. 상품들은 늦어도 A 날까지 배송될 것입니다. 불편하게 해서 죄송합니다. 귀하의 요구에 부응하도록 최선을 다하겠습니다. 앞으로도 다년간 귀하와 협업하길 기대하겠습니다.

Thank you for taking the time to tell us why our products failed to meet your expectations. We value your business, and would like to deliver another new products as quickly as possible. I understand your frustration, and sincerely apologize for any inconvenience we have caused you. Your continued patronage and suggestions are a vital part of our growth. And for that, we are most grateful. We'll do our best to continue to give you the kind of service you deserve. Thanks again, for your business.
우리 제품이 귀하의 기대에 부응하지 못함을 알려주어 감사합니다. 귀하와의 거래를 소중히 여기고 있어 되도록 빨리 다른 새 제품들을 배송하도록 하겠습니다. 귀하의 실망을 이해하며 불편을 드려 죄송합니다. 귀하의 지속적인 도움과 건의가 우리의 성장에 중요하므로 감사하게 생각합니다. 귀하에 맞는 서비스에 최선을 다할 것이며, 귀하와의 협업 감사드립니다.

We are sorry that you experienced a problem. We value your trust in our company, and we will do our best to meet your expectations. We must apologize. Please accept our sincere apology. If you have any comments, please don't hesitate to call us.
문제를 겪게 만들어 죄송스럽습니다. 우리 회사에 대한 귀하의 신용을 소중하게 생각하므로 귀하의 기대에 맞도록 최선을 다하겠습니다. 정말 죄송하며, 진심 어린 사과를 받아주시면 고맙겠습니다. 말씀하시고 싶은 것이 있으시면 주저 없이 연락 주십시오.

Please know that we will personally be handling your case, and this issue will be resolved to your satisfaction. It is our goal to restore your confidence in our company by solving this problem and preventing it from happening again. I hope to have the pleasure of doing business with you for years to come.
귀하의 경우는 개별적으로 처리하여 곧 만족하게끔 문제를 해결 할 것입니다. 이 문제를 해결하고 다시는 이런 일이 일어나지 않도록 하여 귀하의 신뢰를 얻는 것이 우리의 목표입니다. 앞으로도 다년간 귀하와 협업하기를 희망합니다.

You have been a good customer of our company and we have been shared good business deals with you. But we very much regret to inform you that your payment of invoice # has been long overdue. You are required to pay the entire amount by the 17th of June at the latest. Your payment will be highly appreciated by us.
귀하는 우리 회사의 훌륭한 고객이시며 좋은 비즈니스 관계를 유지 해왔습니다. 하지만 귀하의 송장 #에 대한 지불이 오랫동안 연체되었음을 알리게 되어 유감입니다. 늦어도 6월 17일까지 전액 지불해 주시면 정말 감사하겠습니다.

This is the second notice to you regarding the past-due invoice. We had sent you a reminder before to ensure that you make the payment on time, but there was no response to that from your company. We'd like to request you to pay overdue within the next 14 days at the latest. Your prompt attention to this issue will be highly appreciated by us. Please contact us if you have any questions regarding this notice.
청구서 연체에 대한 두 번째 통지입니다. 기일 안에 지불해 주시라고 고지를 하였으나 귀사는 전혀 응대가 없습니다. 늦어도 14일 안에 연체금액을 지불해 줄 것을 요청합니다. 이 문제를 신속히 인지해 주시면 고맙겠습니다. 이 통지서와 관련하여 궁금한 것이 있으면 저희에게 연락을 주십시오.

This is the final notice to you regarding the past-due invoice #. In spite of our repeated reminders, you have not cared to make the payment. If we do not receive the amount by the 17th of June then we would be forced to resort to legal proceeding against you. And you shall be liable for its consequences. To avoid this, please do pay the amount due.
송장 #의 연체에 대한 마지막 경고입니다. 저희들이 계속 고지를 하였지만 귀하는 지불을 하지 않았습니다. 6월 17일까지 지불하지 않으시면, 귀하를 상대로 법적 대응에 들어가겠습니다. 그 결과는 귀하가 책임을 지셔야합니다. 이것을 피하기 위해 상환금액을 지불해 주시기 바랍니다.

 영업  사무  영업외

We regret to point out that although you acknowledged our order dated 7th May, the products have not yet reached us. We received a guaranteed delivery date and the products were supposed to arrive several days ago. Unfortunately your company did not meet the approximate delivery date. This has been causing considerable inconvenience. If we have a great loss in business, we may seek compensation for losses we suffer.
A prompt action is expected from you.
귀하도 아시겠지만 5월 7일 주문한 제품을 아직 오지 않았음을 지적합니다. 배송 날짜를 보증 받았고 며칠 전에 배달되었어야 합니다. 불행하게도 귀사는 정확한 배송날짜를 충족시키지 못했습니다. 이 때문에 큰 불편함이 있습니다. 만약 사업상 손실이 있으면 귀하에게 배상을 요구할 수 있습니다.
빨리 처리를 해 주십시오.

On June 17, we purchased your products. But the quality of your products do not match with our expectation. We are very disappointed about the quality. Some products are defective and designed different from the catalog. Since the use of low quality products will damage our business goodwill, we have returned your shipment along with a request for a full refund. Refunding the money within the next 7 days will be appreciated.
6월 17일 귀하의 제품을 구입하였습니다. 하지만 제품의 질이 기대에 못 미칩니다. 저희들은 제품의 질에 정말 실망하였습니다. 어떤 제품은 결함이 있고 카탈로그의 디자인과 다릅니다. 질이 나쁜 제품의 사용은 서로의 비즈니스 의지에 상처가 되므로, 물건들을 반환했으니 전액 환불을 요구합니다.
7일 안에 환불해주시기 바랍니다.

I am writing to inform you that there is a serious problem with your product.
It seems as if it was damaged during packing and delivery.
Your replacing the product soon will be appreciated.
I look forward to a quick resolution to my claim.
귀하의 제품에 문제가 있음을 알립니다. 포장이나 배송 중 손상을 입은 것 같습니다. 제품을 교체해 주십시오. 제 클레임에 빠른 해결 부탁드립니다.

I am writing this email to reply to your email dated A. We are sorry for the delay in payment but I'd like to tell you that we are doing our best to overcome the financial difficulty. Payment will be made soon after resolving the problems. Please wait a bit longer. I am sorry any inconvenience.
A날 이메일에 대한 답장입니다. 지불이 늦어 죄송합니다, 하지만 재정난을 극복하기 위해 최선을 다하고 있음을 말하고 싶습니다. 문제가 해결되면 지불이 곧 될 것입니다. 조금 더 기다려 주십시오. 불편을 드려 죄송합니다.

I have received your reminder email for payment. I am sorry I couldn't answer quickly. We'd like to apologize for delayed payment. We'll take care of this problem right away. Please wait a little longer and give us a more time. But I'd like to request you to extend the payment terms from 14 days to 30 days to smooth out changes in our cash flow. Thank you for your assistance and support.
지불 독촉장 이메일을 받았습니다. 빨리 답장 못해 죄송합니다.
지불 연체에 대해 사과드립니다. 곧 이 문제를 해결 하겠습니다.
조금 더 기다려 주시고 시간을 더 주십시오. 하지만 현금 흐름의 원할함을 위해 지불 조건을 14일에서 30일로 늘리고 싶습니다. 도움 감사드립니다.

We have no good excuse for our fault. We have shipped another products by express mail today. The new products will be delivered within 3 days.
The goods are expected to arrive on A. We'll try to improve the quality.
If you are not satisfied, we will compensate you for this problem. We have taken action to prevent a recurrence. We'll do our best to satisfy you.
우리 잘못에 대해 변명할 여지가 없습니다. 다른 제품들을 오늘 속달로 발송을 하였습니다. 새 제품들은 3일 안에 도착할 겁니다. 상품은 A날 도착예정입니다. 질 향상을 위해 노력하겠습니다. 만일 만족하지 않으시면, 이 문제에 대해 보상을 하겠습니다. 재발을 방지하도록 조치를 취했습니다. 당신을 만족시키기 위해 최선을 다 하겠습니다.

 영업
 사무
 영업외

 불만재촉
 처리
 클레임
 해결
 협상
 감사
 사교
 초대통보

We apologize for your inconvenience.
 Please send us your defective products by collect on delivery.
We'll send new products immediately.
불편하게 해서 죄송합니다. 결함 상품들을 착불로 보내주십시오.
새 상품을 즉시 보내드리겠습니다.

We're currently working to handling claims.
We assure you that we will not commit this mistake again.
We're willing to help you any time you need us.
If you need any help, just let us know.
현재 불만사항을 해결하기 위해 노력하고 있습니다.
다시는 이런 실수가 없도록 하겠습니다.
저희가 필요하면 언제든지 도와드리겠습니다.
저희가 도울 일이 있으면 언제든지 알려 주십시오.

We apology to your company for not responding right away.
Please forgive us for taking so long to solve the problem.
We keep working on it and will fix it as soon as possible.
귀사에 바로 답변을 못해서 죄송합니다.
문제를 해결하는데 시간이 걸려 용서를 구합니다.
지금 일 처리 중이며 가능한 빨리 해결하겠습니다.

Thank you for bringing this issue to our attention.
We will try to solve this problem.
Please continue to inform us what you notice. Thank you.
이 문제를 저희에게 알려주어 고맙습니다.
이 문제를 해결하도록 노력하겠습니다.
계속 저희에게 주목하고 있는 것들을 알려주시면 고맙겠습니다.

 기본  거래  업무

Hi. I am hoping we might find time to discuss about the major issues we have yet to resolve. If that's not possible, we can certainly try to come to a final decision via email. I've been trying to find a way that helps both of us achieve our goals. I am pretty sure there are many ways to satisfy both our needs. I am attaching a file that includes possible solutions suggested by your team and mine, as well as a couple of new possibilities I'd like you to consider. If I have left anything off this list, please let me know.
I don't want you to think that I'm unwilling to consider one or more of your concerns. Please feel free to call me any time.
I look forward to seeing you soon.
안녕하세요. 아직 해결되지 않은 문제들을 논의할 시간을 가지고 싶습니다. 만약 시간이 안 되면 이메일을 통한 결론을 내도록 해야 할 것 같습니다. 서로의 목표에 맞는 해결책을 찾으려 노력했습니다. 서로의 요구를 만족할 만한 방법들이 있음을 확신합니다. 귀하의 팀과 우리 팀이 제안한 해결책과 몇 가지 새로운 가능성들을 포함한 파일을 보냈습니다. 이 목록에서 빠진 것이 있으면 알려주십시오. 귀하가 고려하고 있는 것을 빼놓고 싶지는 않습니다. 부담 없이 전화주세요. 곧 만나길 기대하겠습니다.

We sincerely appreciate your comprehensive proposal for our company. We do understand that you would have spend considerable time to come up with this proposal. We will review the proposal in detail and notify you the results by email as soon as possible.
Thank you for your consideration.
우리 회사에 종합적인 제안을 해 주어 고맙습니다. 이 제안을 만들기 위해 고심을 하셨을 거라 생각됩니다. 귀하의 제안을 자세히 검토해 보고, 되도록 빨리 결과를 이메일을 통해 알려드리겠습니다. 감사합니다.

 영업  사무  영업외

We are sorry we couldn't answer quickly. There is a problem which will probably stop us from giving this contract to you. Our company has given us a limited budget for this contract. So we get another 3 quotes from other companies, with a view to have a competitive price. We have to get this contract within the budget, so we cannot get your proposed price within our budget. I personally would love to have you as our partner, but to do this we would need your price to better than what you have quoted in your initial proposal. You should lower the price. If you cannot offer low price, I'm afraid that we would have to look at getting other partner. We are willing to accept your proposal if conditions are fulfilled. Again I hope your flexibility in your offer should result in future work for your company. We look forward to hearing from you by June 17.

답변을 빨리 못해 죄송합니다. 이 계약을 귀사에 주는 데 문제가 있습니다. 본사에서는 이 계약을 위해 한정된 예산을 주었습니다. 그래서 경쟁 가격을 알기 위해 3곳의 다른 회사의 견적을 받았습니다. 한정된 예산 안에서 해야 하기에, 우리 예산에서는 귀사의 제안 가격을 받아드릴 수 없습니다. 개인적으로는 귀사와 파트너가 되길 원하지만, 이렇게 되려면 귀사가 제안한 초기 가격보다 더 좋아야 합니다. 가격을 낮추어야 합니다. 낮은 가격을 제시하지 못하면 다른 파트너를 찾아야 할 것 같습니다. 만약 조건이 되면 당신의 제안을 기꺼이 받아드릴 수 있습니다. 다시 한 번 귀하의 융통성 있는 제안이 귀사의 미래의 일감이 되길 바라며, 6월 17일까지 답변을 기다리겠습니다.

Thank you for your quote and proposal. We have looked into the quote and discussed about it. We are willing to make a contract if you offer us a discount of 10%. If you cannot offer the price requested, we can go elsewhere. But please do take this into consideration as we would love to be partners with your company. Looking forward to hearing from you.

견적서와 제안서 감사합니다. 견적을 살펴보고 논의를 하였습니다. 만약 10% 할인을 해 주시면 계약을 하겠습니다. 제안한 가격을 제시하지 못하면 다른 곳을 알아볼 것입니다. 귀사와 파트너가 되고 싶으므로 이것을 고려해 주시기 바랍니다. 연락 기다리겠습니다.

I wanted to let you know how much I appreciate this recent promotion. It's an incredible opportunity to me. Your willingness to go to bat for me with upper management means a great deal to me. I highly value your trust, and will work hard to keep it. Your direction and advice have been extremely beneficial to me. You have helped me to build upon my professional strengths, and to increase my loyalty. I am truly grateful for your support. Thanks again, for all of your help.
최근의 승진에 얼마나 감사하고 있는지 말씀드리고 싶습니다. 저에게는 큰 기회입니다. 저에게 더 윗자리를 맡긴 것은 저에겐 큰 의미가 있습니다. 귀하의 신임을 소중히 생각하며 그 자리를 지키도록 열심히 일하겠습니다. 귀하의 조언과 충고는 저에게 큰 도움이 됩니다. 저에게 직업적인 강인함을 주고 충성도를 높이도록 해주는군요. 지지를 해주셔서 정말 감사하고, 도움에 다시 한 번 고맙게 생각합니다.

I am writing to thank you for my recent promotion. Your confidence in my abilities means a great deal to me. Your frank advice and earnest support have been significant factors in my development. I look forward to the new challenges and opportunities for growth that this position will afford me. Thanks again, for your help and trust. I will do my best to surpass your expectations of me.
최근의 승진에 감사드리려고 씁니다. 저의 능력에 대한 귀하의 신임은 의미가 큽니다. 귀하의 솔직한 충고와 진심어린 지지가 저의 발전에 중요한 요소였습니다. 이 직위가 줄 새로운 도전과 기회를 기대합니다. 도움과 믿음에 다시 감사드리며, 저에 대한 기대를 능가하도록 최선을 다하겠습니다.

I appreciate your offering me the new position. I think this is an opportunity that will give me a chance at considerable growth and advancement. Thank you for your guidance and support. I will do my best to never disappoint you.
새로운 자리를 배정해 감사합니다. 이것은 성장과 발전할 수 있는 기회라 생각됩니다. 귀하의 조언과 지지 감사드립니다. 실망시키지 않도록 열심히 하겠습니다.

 영업  사무  영업외

How have you been? Is everything going well with you?
It was good to see you the other day.
I was so glad to do business with you.
I hope we are able to maintain good relations for a long time.
We will do our best and won't disappoint you.
Thank you for everything. I hope to see you soon again.
안녕하세요. 잘 지내시지요? 저번에 만나서 반가웠습니다.
당신과 거래를 하게 되어 기뻤습니다. 오랫동안 좋은 관계
유지하기를 바랍니다. 최선을 다해 실망 시키지 않겠습니다.
모든 것에 감사드리며 곧 다시 뵙기를 바랍니다.

Thank you for inquiring about our new products.
New clients are vital to our growth.
That's why I wanted to send you a note of thanks.
We are willing to do business with you and sincerely
hope to establish a long relationship with you as a patron.
I've attached our latest brochure for your reference.
We are looking forward to receiving your first order.
새 상품에 대해 문의를 해 주어 감사합니다. 새로운 고객은 저희들의
성장에 중요합니다. 그래서 감사의 메일은 보냅니다. 귀하와 거래할
의향이 있으며 오랫동안 단골이 되길 희망합니다. 참고하시도록
최신 책자를 첨부했습니다. 첫 주문을 기대하겠습니다.

You are a supportive partner of our company since years.
We are grateful to you for your commitment towards us.
Thank you again for your business.
귀하는 오랫동안 당사에 도움을 주는 파트너였습니다.
저희에게 해 주신 헌신에 정말 감사드립니다.
다시 한 번 거래에 대해 감사드립니다.

Hi. My name is A, I am from B company. You may remember me, we met at C seminar. It was great to meet you. I had a great time chatting with you. I am a very outgoing person and enjoy all types of activities. If you would like to get to know me better, let's keep in touch. I'd love to take you to coffee near your office and share a mutual interests in business before too long. I'd appreciate it if you'd take time out of your schedule to meet with me. I'll email you again soon.
안녕하세요. 저는 A 이고 B 회사에 다닙니다. 기억하시겠지만 C 세미나에서 만났습니다. 그때 만나서 반가웠고 담소 시간이 즐거웠습니다. 저는 외향적이고 모든 활동을 좋아합니다. 저를 더 알고 싶으시면 계속 연락하면 좋겠습니다. 조만간 귀사 근처에서 커피 한 잔 하며 상호 관심사를 나누고자 합니다. 시간을 내어 저와 만남을 가져주면 고맙겠습니다. 곧 다시 연락드리겠습니다.

It was awesome meeting you at party last week.
I remember you mentioned you were in A position.
I am interested in your experience.
Could I buy you coffee sometime in the near future?
I'd learn more about how you like working at your company.
I look forward to hearing from you.
지난 주 파티에서 만나서 좋았습니다. 제 기억에 A위치에 있다고 들었습니다. 당신의 경험에 관심이 있습니다. 조만간 커피를 한 잔 대접해도 되겠습니까? 귀사에서 일하는 것이 어떤지 알고 싶습니다. 답변 기다리겠습니다.

I know how busy your schedule is this week.
That's why I so appreciate your help and advice.
I definitely owe you a grand dinner for coming to my rescue.
I'll email you next week to find out what evening would be best for you.
이번 주 바쁘시죠? 그래서 당신의 도움과 충고가 더 고맙습니다. 저에게 큰 도움이 되어 멋진 저녁을 대접하고 싶습니다. 다음 주에 언제가 좋은지 메일 드리겠습니다.

How's your week going? Thank you for all the assistance you have provided me. I appreciate the information and advice you have given. Your expertise and help have been invaluable to me. Recognizing your very busy schedule, I'd like to treat you to lunch. I look forward to having the opportunity to see you again in person. Thank you very much for taking the time and your help. I hope to hear from you soon.
안녕하세요. 저에게 도움을 주어 고마웠고 정보와 충고 감사했습니다. 귀하의 전문성과 도움은 저에게 아주 귀중한 것이었습니다. 귀하의 바쁜 스케줄을 생각하여 점심을 대접하고 싶습니다. 개인적으로 다시 뵙고 싶습니다. 귀하의 시간과 도움에 감사드리며 곧 연락 바랍니다.

I hope your life at your company is treating you well. Thank you personally for all the time you spent with me when I visited your office. If the condition is met, I will provide a detailed explanation of the product that fits your business need. I hope we may be able to meet up for coffee sometime and have a chance to talk with you again at your convenience. Thanks again.
즐거운 직장생활이시길 바랍니다. 귀하의 사무실에 방문하였을 때 저에게 시간을 내주셔서 감사드립니다. 조건이 맞으면 귀하의 사업에 적합한 제품을 자세히 설명 드리겠습니다. 편한 시간에 커피 한 잔 하며 다시 이야기 나눌 기회가 있길 바랍니다. 다시 한 번 감사드립니다.

It's been a pleasure working with you.
In particular, I appreciate your help.
If you have time, I'd love to take you to lunch
and learn more about your experience. Thank you.
함께 일하니 기쁩니다. 특히 도움에 감사드립니다.
시간이 되면 점심을 대접하며 경험을 배우고 싶습니다.

신제품 발표회 초대

It is a great pleasure to invite you to the launching ceremony of our new products. The ceremony will take place in (venue), on (day), starting from (time). Please join us, we will give a detailed explanation of product specifications. The reception will be held following ceremony in the same location. Please let us know if you can attend the ceremony. On behalf of the company, we look forward to your attendance.

신제품 발표회에 귀하를 초대하게 되어 기쁩니다. 발표회는 -날, -시부터 - 에서 열립니다. 제품 사양에 대한 자세한 설명이 있으니 참석해 주십시오. 발표회 후 같은 곳에서 연회가 있을 예정입니다. 참석 여부를 알려주십시오. 회사를 대표하여 귀하의 참석을 기대하겠습니다.

세미나 초대

I am writing on behalf of A company. We are pleased to announce that we are sponsoring A seminar. Presentations are going to be performed by world renowned experts in this field. We'd like to invite you to the seminar. The seminar will be held at B between 9am and 6pm on June 17, 2017. If you require directions to the venue, please let us know. If you would like to attend, please confirm your attendance by replying to this email by June 10.

A회사를 대표하여 씁니다. 저희가 A세미나를 후원하게 되었습니다. 이 분야의 세계 유명한 전문가들이 발표를 할 것입니다. 귀하를 세미나에 초대하고 싶습니다. 세미나는 2017년 6월 17일 오전 9시부터 오후 6시까지 B에서 열립니다. 장소, 위치가 궁금하면 연락을 주십시오. 참석 원하시면 6월 10일까지 답장으로 확정해 주시기 바랍니다.

파트너 회사 초대

I'd like to expresses by personal gratitude for working so well as a partner and invite you to Korea for meeting face to face. It is our great honor to have you as our guest. This will be an outstanding opportunity for us to show appreciation of your business and a good time to strengthen our cooperation. We are hoping that we will get the same support from you and we look forward to receiving your reply.

파트너로써 잘 협업하여 감사드리며 직접 대면하기 위해 귀하를 한국으로 초대하고 싶습니다. 손님으로 오시면 영광이겠고, 거래에 대한 감사와 함께 협력을 강화시키는 기회가 될 것입니다. 지속적인 지지를 희망하며 답변 기다리겠습니다.

 영업  사무  영업외

전시회 전시 알림

Our company will be exhibiting and demonstrating our products at Consumer Electronics Show in Seoul, June 17 through June 20. Booth number is -.
We hope you are planning to drop by the booth and don't miss to get a look at the latest products. We are looking forward to your visit.

저희 회사가 2017년 6월 17일부터 20일까지 서울 소비자 가전 전시회에서 전시하고 데모를 합니다. 부스번호는 - 입니다. 저희 부스에 잠깐 들려 최신 제품들을 볼 수 있는 기회를 놓치지 않길 바랍니다. 방문을 기다리겠습니다.

이전 알림

We are pleased to inform you that our office has been relocated to a new building on June 17. The main telephone and fax numbers remain unchanged. Please update your records with our new address and contact information. We look forward to your continued support.

6월 17일부터 저희 사무실이 새로운 빌딩으로 이전하게 되었음을 알립니다. 주요 전화번호나 팩스 번호는 변함이 없습니다. 새 주소와 연락처를 업데이트 하시기 바랍니다. 계속적인 지지 부탁드립니다.

가격 인상 통보

We would like to inform you that from June 17, 2017, our company will be increasing the prices of some our products by 5%. This price hike is something which is just unavoidable. The increase in prices of various raw materials along with high transportation charges has compelled us to raise the prices. In an effort to keep the high quality and service of our products, we have taken this step and hope that you understand our situation. We wish to continue to serve you with the good products and are looking forward to your continued patronage. We would sincerely appreciate your agreement with us on this sensitive matter.

2017년 6월17일부터 일부 제품 가격을 5% 인상함을 알립니다. 이 가격인상은 불가피한 것입니다. 원자재 가격 상승과 물류비용 증가로 가격을 올렸습니다. 높은 품질과 서비스를 유지하기 위해 이러한 절차를 밟아 저희들 상황을 이해해 주시기 바랍니다. 지속적으로 좋은 제품으로 보답하길 바라며 계속적인 지지 부탁드립니다. 이 민감한 문제에 대해 이해해 주시면 고맙겠습니다.

 기본
 거래
 업무

Hi. I'd like to say hello to you. I'm A with B company. I work in the overseas market department. I got to know your email address via your company's internet web site. We have been investigating opportunities for international expansion in the overseas market. Our products have an outstanding design and various features. Our products have garnered a lot of attention in the market-place and I thought there might be a good fit for your company. I am attaching the recent brochure file. I'd like to get in contact with the decision maker and explore possible contract for the supply of our products. If you need any further information, please let me know. Be happy always.

안녕하세요. B회사의 A인데 해외 판매부에서 일하고 있습니다. 당신의 이메일 주소를 당신회사 웹사이트를 통해 알게 되었습니다. 저희는 해외 세계 시장 진출 기회를 보고 있습니다. 우리 제품들은 뛰어난 디자인과 다양한 특징을 가지고, 시장에서 주목을 받고 있는데 귀사에 적당한 것이 있다고 생각했습니다. 최신 목록 첨부 파일을 보냅니다. 결정할 수 있는 분과 연락이 닿아 우리의 제품 공급에 관한 계약 가능성을 타진하고 싶습니다. 더 정보 필요하면 연락주세요. 항상 행복하세요.

I hope you are doing well. I am the one who received your business card at the A seminar. I work in the sales department of B company. It was a great pleasure to meet you. I have tried to get in touch with you to see if there is a mutual profit. And I am contacting you now because I'd like to start a business with you. I hope you don't mind introducing our products. I am sending latest product brochure. Please go over the attached file and let me know if you have any interest. I would like to set up an appointment to discuss the possible contract for the supply of A. I look forward to hearing from you.

안녕하세요. A세미나에서 명함을 받은 사람입니다. B회사의 판매부에서 일하고 있는데 만나서 반가웠습니다. 상호간에 이익이 되는지 알기 위해 당신과 연락을 하려 했습니다. 그리고 이제 당신과 거래를 시작하기 위해 이메일을 보내는데, 실례가 안 되면 저희 제품을 소개하고 싶습니다. 제품목록을 보냅니다. 첨부 파일을 검토해 보시고 흥미가 있으시면 알려 주십시오. A공급 계약이 가능한지 논의할 수 있도록 약속을 정했으면 합니다. 답장을 기대합니다.

Hi. This is A with B company. We have met before. I'd like to explain about the new products you may need. I am attaching a catalog and price list. If you need anything, do not hesitate to contact me. If you want some samples, I'll send it for you. Just let me know if you are interested. I look forward to doing a business with you. I hope to hear from you soon.

안녕하세요. B회사의 A입니다. 전에 뵈었습니다. 관심이 있을지 모를 새 상품에 대해 설명을 드리고 싶습니다. 목록과 가격표를 첨부했습니다. 필요하면 연락주세요. 샘플이 필요하시면 보내드리겠습니다. 관심이 있으면 알려주세요. 귀하와 거래가 생기기를 바라며, 곧 연락이 있기를 희망합니다.

I hope you are well. I've been working for a company called A. I am pleased to present to you our newest product B. In the booklet that is attached with this mail, you will find all the information about the A, its attractive features and its benefits. We are sure you will satisfy it if you know the details of B. If you are interested in out products, we can quote you for the FOB(Free on Board) or CIF(Cost, Insurance & Freight) price at any time. A volume discount is available for more than 500 pieces. I'd like to recommend you to visit our web site where you can compare the products from different companies. I am attaching the brochure file. We look forward to receiving your feedback.

안녕하세요. 저는 A회사에서 일하고 있습니다. 우리 새제품 B를 소개하여 기쁩니다. 이 메일에 첨부된 책자를 보시면 A제품의 특징과 장점 등의 정보를 알 수 있을 겁니다. B제품을 자세히 알게 되면 만족할 거라 확신합니다. 만약 우리 제품에 관심이 있으시면 언제라도 FOB(본선인도 가격, 운임포함 가격)과 CIF(보험, 운임포함 가격)에 대해 견적을 내드리겠습니다. 대량할인은 500개 이상에서 가능합니다. 저희 웹사이트에서 다른 회사의 제품들과 비교해 보시길 권유합니다. 안내책자 파일을 보냅니다. 답변 기다리겠습니다.

 기본
 거래
 업무

Hi. We send you our best wishes.
My name is A and I'm with B company in South Korea.
Our company imports goods to supply to the domestic market at a cheaper price and better quality. We are searching for supplying company. We are interested in C product of your company. We'd like to get some information about the price, minimum purchase quantity(MPQ), any bulk discounts, delivery time and payment term. Could you quote us for both FOB(Free on Board) and CIF(Cost, Insurance & Freight) prices? Thank you.
I look forward to hearing from you.

안녕하세요. 저는 A이고 한국 B회사에서 일합니다. 저희 회사는 물품을 구입하여 국내에 싸고 질 좋은 물품을 공급하는 회사이며, 공급 업체를 찾고 있는 중입니다. 귀사의 C제품에 관심이 있습니다. 가격, 최소 구입수량, 대량 구입시 가격할인, 배송시간, 결제조건 등에 대해 알고 싶습니다.
FOB(본선인도 가격)과 CIF(보험, 운임포함 가격) 모두에 대해 견적도 받고 싶습니다. 감사합니다. 답변 기다리겠습니다.

Hi. I'm in charge of import. I am interested in your product.
I'm writing to get more information about the product in your catalog.
Would you kindly send me a detailed information?
And I'd like to know about availability and volume discount.
If possible, could you quote us the FCA(Free Carrier Agreement) price of A item? thanks.

안녕하세요. 저는 수입을 책임지고 있는데 귀사 제품에 관심이 있습니다.
카탈로그에 있는 제품정보가 더 필요합니다.
자세한 정보를 보내주시겠습니까?
그리고 구입 가능한지와 대량 주문 할인을 알고 싶습니다.
가능하다면 A 품목의 운송인 인도 조건 가격 견적을 내주실래요?
감사합니다.

 영업  사무  영업외

Hi. I am sending this email because we are going to buy your products.
We'd like to receive a quote for CIF prices on the following products.
Product – A,   Price Term – CIF, Busan port,   Quantity – 500.
What's the lowest unit price you can offer to us?
And let us know the volume discount and delivery time.
I look forward to hearing from you.
안녕하세요. 귀사의 제품을 구입할 예정이라 이 메일을 보냅니다.
다음 제품들에 대한 CIF 가격 견적을 받고 싶습니다.
A 제품, 가격 조건-부산항 도착, 보험과 운임포함 가격, 수량-500개.
가장 저렴하게 해줄 수 있는 개당 가격이 얼마입니까? 그리고
대량구매 할인이나 배송기간을 알려주십시오. 답변을 기다리겠습니다.

I am writing this email to request the information for your product.
I am importing various products and delivering them to other companies.
I'd like to purchase your products. Could you send me a more detailed
description of your products? And I'd like to be informed of the current
price for item A. Please let us know the following :
Price per Unit, Bulk discount, Terms of Payment. Delivery Terms.
(The price has to include packing and CIP delivery to Incheon Airport.)
I'd appreciate a prompt reply. Thank you for your time.
귀사의 제품에 대한 정보를 알고 싶어 이 메일을 씁니다.
저는 여러 제품들을 수입해서 다른 회사로 납품을 하고 있습니다.
귀사의 제품을 구입하고 싶은데, 좀 더 자세한 제품의 설명을 요청합니다.
그리고 A 아이템 현 가격을 알고 싶습니다. 개당 가격 -인천공항까지의
CIP (Carriage and Insurance Paid To) 운송비 보험료 지급 인도 가격,
대량 구매시 할인여부, 지급 조건, 배송 조건 등을 알려 주십시오.
빠른 답변 부탁드립니다. 시간 내주어 감사합니다.

타인에게 특정인 소개를 부탁할 때

Hi. How have things been with you? It's been a long time. I am living busy life everyday. I am writing this mail to ask for your help. I was looking to get introduced to Mr. A and saw you were connected to him. Not sure how well you're connected to him, but if the relationship is strong, I'd really appreciate it. Please let me know if you feel comfortable doing this and I'll forward over a proper request for introduction that you can forward to him.
I am sorry to trouble you. Have a great day.

안녕하세요. 오랜만이군요. 매일 바쁘게 살고 있습니다. 당신의 도움을 청하려고 메일을 보냅니다. A씨를 소개받고 싶은데 당신이 친분이 있다는 것을 알았습니다. 얼마나 관계가 있는지는 모르지만, 친하면 소개시켜 주면 고맙겠습니다.
이 일이 불편하지 않으시면 그에게 전달해 줄 적절한 소개 요청을 보내겠습니다.
귀찮게 하여 죄송합니다. 좋은 하루 되세요.

Hey, I hope you are well. I first want to apologize that we haven't been able to connect recently. I am always in a rush job. I was wondering that you might be able to introduce me to Mr. A. I want to connect with him because I'm looking for business partners. Any help is much appreciated. Would you be interested in lunch meeting this Friday? I'd like to treat you to a meal. Let me know a time that might work for you. I look forward to hearing from you.

안녕하세요. 잘 지내시죠? 최근 서로 연락을 하지 않아 죄송합니다.
항상 바쁘군요. A씨를 저에게 소개시켜 주실 수 있을까요? 비즈니스 파트너를 찾고 있어 그와 연결되기를 원합니다. 어떤 도움도 감사합니다.
이번 주 금요일 점심 만남 어떠십니까? 식사를 대접하고 싶습니다.
당신에게 좋은 시간을 알려주세요. 답변 기다립니다.

 영업  사무  영업외

 판매문의

 구입문의

 소개

 마케팅

 판촉

 영업

 협력사

출장

자기 또는 타인을 소개할 때

Best wishes to you and your family. I am writing to introduce myself. My name is A and I am the CEO of B in South Korea. The core of our business is to C and our customers include D, E and others. We are going to launch a new product on to the overseas market. But our new business is in its embryonic stages of development. I'm looking for experts in this field and several of my friends pointed me in your direction. I'd like to get wisdom from you to do business development and to pick a couple of strategies.
Could we make an appointment to discuss about that? Please let me know what is the most convenient time and day for you.
I'd appreciate your reply. Thank you for your time.

모두들 안녕하세요. 저를 소개하겠습니다. 저는 A이고 한국의 B회사 사장입니다. 주로 C 사업을 하고 있으며, 주 고객들은 D, E 등의 회사들입니다. 해외시장에 새로운 제품을 내려고 하고 있습니다.
하지만 저희들 사업은 발전 초기 단계에 있어 이 분야 전문가를 찾고 있는데 몇 분의 지인들이 당신을 소개하였습니다. 당신에게서 사업 발전의 조언과 몇 가지 전략을 얻고 싶습니다. 이것에 대해 논의하기 위해 약속을 잡을 수 있겠습니까? 어느 날과 시간이 가장 좋으신가요?
답장 기다리겠습니다. 시간 내주어 감사합니다.

I'd like to introduce you to A, the general manager of our company. He is received a briefing of the progress so far.
He'd like to contact you directly to discuss about the recent problem. After consulting with you, he will be making a decision.
Let me know if you need anything else.

저희 회사 부장님인 A를 소개시켜 드리겠습니다. 지금까지의 과정을 알고 있으며, 최근의 문제를 상의하기 위해 직접 뵙기를 원하십니다. 귀하와 상의한 후에 그 분이 결정을 내리실 것입니다.
필요한 것이 있으면 알려주세요.

 기본  거래  업무

This email is to tell you about our new program A. We have developed a simple and wonderful software for help doing business. It can cut down on manual tasks and save 50% of the time. We'd love to show you our software program and see if it might be a fit for your business. Please let me know if you'd like to schedule a brief demo call next week. I'd love to get your feedback even if you're not in the market for this right now. I'll come visit you this Friday. Thank you for your time for me.

이 메일은 우리의 신제품 A에 대해서 알려주고 싶어서입니다. 우리는 사업을 돕는 간단하면서도 훌륭한 소프트웨어를 개발했습니다. 당신에게 이 프로그램을 보여주고 귀사에 적합한지 알고 싶습니다. 다음 주 간단한 데모를 할 수 있는 스케줄을 알려주십시오. 지금은 당장 살 계획이 아니더라도 귀하의 반응을 보고 싶습니다. 이주 금요일 찾아뵙겠습니다. 저에게 시간을 내주셔서 감사합니다.

I am writing in regards to our newest product. It will be released next week. As you can see in attaching brochure, it's designed to maximize efficiency. This product gives high performance for its price. The most advanced technology is applied and it's easy to use. It's very competitive in price and quality. We believe that our product will be one of the bestsellers on the market. I'd like to arrange a meeting with you or someone who is in charge if possible. What's the most convenient date and time for you?
I look forward to hearing from you.

우리의 새 상품에 대해 글을 씁니다. 다음 주에 출시 예정입니다.
첨부된 책자에서 볼 수 있듯이 효율성을 극대화하게 디자인되었습니다.
이 제품은 가격 대비 성능이 뛰어나고 가장 앞선 기술이 적용되고 사용하기 쉽습니다. 그래서 가격과 품질에서 큰 경쟁력이 있습니다.
시장에서 우리의 제품이 베스트셀러중 하나가 될 것이라 믿습니다.
가능하면 당신이나 담당자와 만남을 잡고 싶습니다.
어느 날짜와 시간이 가장 좋습니까? 답장 기다립니다.

 영업　　 사무　　 영업외

We have launched a new product. Our product is technically superior to its competitors. It's very useful and more attractive in design and price. The warranty period for this product is 2 years. We'd like to send you a sample of our product and catalog.
We thought that you may be interested in talking to us about our business. Please let us know if you'd like to connect next week.
신제품을 막 출시했는데 저희 제품은 경쟁제품보다 기술적으로 뛰어납니다. 이것은 매우 효과적이고 디자인과 가격에서 매력적입니다.
이 제품의 품질 보증 기간은 2년입니다. 본사의 샘플과 목록을 귀사에 보내고 싶습니다. 당신이 우리와 사업을 하는데 관심이 있을 거라 생각했습니다. 다음 주에 만날 수 있는지 알려주십시오.

We'd like announce that we will release our new product. It will be available from the next month. Our product is better than others in price and quality. It's very convenient to use and easy to handle. It will gain popularity in the marketplace.
We think that many companies will have an interest in our product. We make sure you'll get the best outcome. A volume discount is available for more than 100 pieces. I am attaching the brochure file. We look forward to receiving your feedback. If you require any information, feel free to contact me.
새로운 제품을 출시함을 알립니다. 다음 달부터 사용 가능합니다. 우리 제품은 다른 제품보다 가격과 질에서 뛰어납니다. 사용하기 편하고 다루기 쉽습니다. 시장에서 인기를 얻어, 많은 회사들이 우리의 제품에 관심을 가질 거라 생각합니다. 좋은 결과를 얻을 거라 확신합니다. 대량구매 할인은 100개 이상부터 가능합니다. 책자를 보내니 피드백 부탁드립니다. 정보원하면 주저 없이 연락 주십시오.

 기본  거래  업무

Short Marketing (Reminder) Phrase - 짧은 홍보(미리 알림) 문구

SALE IS NOW ON : UP TO 70% OFF! 지금 70%까지 세일 중!
SEASON SUPER SALE : UP TO 80% OFF. 시즌 슈퍼세일, 80%까지!
Sale Starts Now : Take Up To 50% Off! 세일 시작 : 50%까지 할인!
Our Biggest Year End Clearance Sale! 최대 연말 재고 세일!
We are going to launch huge FLASH SALE! 최대의 반짝 세일을 합니다!
Be the first. Save up to 80% right now! 첫 구매자 되세요. 80%까지 할인!
10 days SALE with all items going up to 70% OFF!
10일간 70%까지 모든 품목세일!
Our sale is coming soon. 곧 세일이 시작됩니다.
We are about to launch our new online stores. 새 온라인 상점을 시작합니다.
The A is coming soon. A가 곧 출시됩니다.
The new products have just arrived. 새 상품이 도착했습니다.
Get double rewards this weekend. 이번 주 2배 적립을 받으세요.
Redeem your rewards before they expire. 소멸되기 전 적립금 사용하세요.

I would like to thank you for continuously selecting our products. You are truly one of the most loyal clients of our company and it has always been a sheer pleasure to serve you. To celebrate our 5 year anniversary, we will be having a 30% sale off. The sale starts on May 1 and run for 14days. In response to your loyalty towards our company, we would like to present to you a 50% discount coupon of gratitude and love. I hope this will help your shopping.
저희 제품을 항상 선택해 주셔서 감사드립니다. 귀하는 우리 회사의 우수 고객으로써 모심을 항상 기쁘게 생각합니다. 창립 5주년을 기념하기 위해 30% 세일을 합니다. 세일은 5월 1일 시작하여 14일간 지속됩니다. 단골 고객에 대한 감사와 사랑의 마음으로 귀하에게 50% 할인권을 보내드립니다. 쇼핑에 도움이 되길 희망합니다.

 영업  사무  영업외

On behalf of our company, I take the privilege of thanking you for showing consistent confidence in our products. We promise we will improve the quality of our services to customers. We are celebrating the 10th year in business with a huge sale on our products. Sale will start on Saturday, December 1 and will end on Sunday, December 9. We will offer discounts of up to 70% off from 30%. We are going to give a special gift to loyal customers and these rewards are our way of saying thank you.
I hope you will have an enjoyable experience.
회사를 대표하여 우리 제품에 신뢰를 보내 주신데 대해 감사드립니다. 고객들을 위해 서비스 품질을 향상시킬 것임을 약속드립니다.
창립 10주년을 기념하기 위해 우리 제품들을 대대적으로 세일합니다. 세일은 12월 1일 토요일 시작하여 12월 9일 일요일 끝납니다. 30%에서 70%까지 할인을 할 예정입니다. 우수 고객님께는 감사의 마음으로 특별 사은품을 드립니다. 즐거운 경험이 되길 희망합니다.

I wanted to thank you for stopping by our store. It's great to see a new customer and I hope you had an enjoyable experience. Since it was your first visit to our store, I am enclosing a discount coupon that will allow you to receive 10% off any purchase over $20. You can use it anytime in the coming 3 months.
Thank you, and we look forward to seeing you again soon.
우리 가게를 들리셔서 감사드립니다. 새로운 고객을 뵙게 되어 반가웠고 즐거운 경험이 되셨길 바랍니다. 우리 가게에 처음으로 오셨기에 20불 이상 구입시 10% 할인을 해주는 쿠폰을 동봉합니다. 향후 3개월 안에 아무 때나 사용할 수 있습니다.
감사합니다, 곧 다시 뵙기를 기대합니다.

To whom it may concern. Hi, I'm sorry to trouble you. I hope this email is received by the right person. We are trying to find a new business partner. I thought there might be any good products for your company and wanted to introduce to your company. But we have no contact information on the your company. Would you be so kind as to tell me who is responsible for the purchasing department and how I might get in touch with him(her)? I am attaching the catalog file. Could you please refer me to the person in charge of purchase of goods? Thank you.

관련자에게. 안녕하세요. 불편을 드려 죄송합니다. 이 메일이 올바른 사람에게 가길 바랍니다. 저희들은 새로운 사업 파트너를 찾고 있습니다. 귀사에 맞는 제품이 있을 것 같아 소개하려 합니다. 하지만 귀사에 대한 연락처가 없습니다. 구매부 책임자가 누구인지 알려주실래요? 그리고 어떻게 연락을 드려야 할까요? 카탈로그 파일을 첨부합니다. 죄송하지만 상품 구매부 책임자에게 전달해 주시면 고맙겠습니다. 감사합니다.

Hi, I hope this email is correctly directed. I'm working for a company called A. I recently visited your web site and I thought our product may be necessary for your company. I wanted to reach out because let you know that we are temporarily selling our products at the lowest prices.
Our products have been well received in the marketplace and I think that your company might have a great interest in that. If I've reached the wrong person, please let me know or forward this mail to someone more suitable. Hope all is well and hope to hear from you.

안녕하세요. 이 메일이 적합한 분께 갔기를 바랍니다. 저는 A회사에서 일하고 있습니다. 최근 귀사의 웹사이트를 방문하고 우리 제품이 귀사에 필요할 거라 생각했습니다. 우리가 현재 아주 낮은 가격으로 제품들을 팔고 있기에 연락하길 원했습니다. 우리 제품들은 시장에서 반응이 좋으며 귀사가 관심이 있을 것이라 생각됩니다. 만약 제가 담당이 아닌 분에게 보냈으면 알려주시고, 담당자에게 전해주시면 감사하겠습니다. 안녕히 계시고 연락 기다립니다.

 영업
 사무
 영업외

Hi, I hope this email finds you well. My name is A and I head up business development efforts with B and we recently launched it. We are looking for a business partner and I have found your email address on your online profile. You appear to be an appropriate person to connect with or might at least point me in the right direction. I'd like to contact with someone who is responsible for making a decision. If that isn't you, can you please put me in touch with the right person? I appreciate the help.

안녕하세요. 저는 A로 B에 대한 사업을 책임지고 있고 최근에 사업을 시작했습니다. 현재 사업 협력자를 찾고 있는데 인터넷 프로파일에서 당신의 메일 주소를 발견하고 적임자 또는 올바른 방향을 알려줄 사람이란 생각이 들었습니다. 저희는 결정을 내릴 수 있는 사람을 만나고 싶습니다. 만약 당신이 아니라면 저를 적합한 사람에게 연결해 주실 수 있겠습니까? 도움에 감사드립니다.

Hey, I hope I'm not bothering you. My name is A and I'm with B. We'd like to enter into business with a new partner. Please allow me to an opportunity to introduce our technology and new service. If you are not the person concerned, could you direct me to the right person to talk to about this? We'd like to explore if this would be something valuable to incorporate into your business.
Thanks for your time.

안녕하세요, 불편을 드려 죄송합니다. 저는 A이고 B회사에 근무하고 있습니다. 저희들은 새로운 비즈니스 파트너를 구하고 있습니다. 저희들의 기술과 새로운 서비스에 대해 소개하고 싶습니다. 만약 이와 관련된 분이 아니시면, 이와 관련된 사람을 연결해 주시겠습니까? 귀사의 사업에 도움이 되는지 알아보고 싶습니다. 시간 내주어 감사드립니다.

 기본  거래  업무

Hi. My name is A and I'm the CEO of B. I'm writing to introduce our company to establish a relationship with you and your company. Our company has the best experienced software programmers and developed a new technology that reduces the time spent doing business. I figured this might be of interest to you. We currently work in the following companies. —. I am attaching the files. I hope that this information will help you gain a clear idea of what we can offer, and that we can become a partner. I look forward to hearing from you and if you require any more information from us, please do not hesitate to contact us.

안녕하세요. 저는 A이고 B회사의 사장입니다. 저희 회사를 소개하고 당신과 당신 회사와 관계를 맺고 싶습니다. 저희 회사는 경험이 많은 소프트웨어 프로그래머들이 있고 사업을 하는데 시간을 줄여주는 새로운 기술을 개발 했습니다. 아마도 이것이 당신에게 관심이 있을 것이라 생각합니다. 우리는 현재 다음과 같은 회사와 같이 일하고 있습니다. —. 파일을 보냅니다. 이 정보가 우리가 제공할 수 있는 것들을 잘 알고 파트너가 될 수 있는지 도움이 되길 바랍니다. 답변 바라며 궁금한 것이 있으면 부담 없이 연락 주십시오.

We thank you for giving us the opportunity to do business with you. The growth we've experienced over the months is because of your faithful support. We are trying to continue the expansion of business.
This is entirely due to our great working relationship, which I am so thankful for. We look forward to working with you for many more years. Thanks again.

귀하와 거래를 할 기회를 주어 감사드립니다. 몇 달간의 성장은 귀하의 신념어린 뒷받침 때문이었습니다. 저희들은 사업 확장을 위해 노력하는 중입니다.
이것은 우리들의 좋은 협력관계 때문이고, 고맙게 생각하고 있습니다.
귀하와 오랫동안 함께 일하길 바라며 다시 감사드립니다.

 영업  사무  영업외

My name is A and I am writing to inquire about a possible relation of cooperation. We are developing B and expecting to launch in Q1 of next year. We are interesting in licensing your technology of C. I hope to discuss it with you directly. Technology is one of the top priorities in our creative dealings. We'd greatly appreciate it if you give us the opportunity to do business with your company. We are available whenever you may have questions, comments or suggestions.
 I look forward to hearing from you.

저는 A이고 협력 가능성에 대해 문의하고자 합니다. 저희들은 B를 개발 중이며 내년 1분기 출시예정입니다. 귀사의 C 기술에 대한 특허에 관심이 있습니다. 직접 상의하고 싶군요. 저희들은 기술을 새로운 거래의 우선순위로 두고 있습니다. 저희들에게 귀사와 거래를 하는 기회를 주면 감사하겠습니다. 언제든지 어떤 질문이나 말, 제안이 필요하면 해주시기 바랍니다. 연락 기다리겠습니다.

I hope I'm not taking too much of your time. We are a start up company and going to put the new product on the market. We are looking for partners to promote our business. I hope to meet you and I am wondering if you can help us. Even when our business doesn't match what you're looking for, please give me a chance to see you. Your advice will be very helpful. I am attaching a brochure.
Please let me know if you have any questions.

짧게 말하겠습니다. 저희는 신생 회사로 새로운 제품을 시장에 내놓으려 합니다. 사업 확장을 위해 새로운 파트너를 찾고 있습니다. 귀하를 만나 도움을 줄 수 있는지 알고 싶습니다. 귀하와 사업이 맞지 않더라도 당신을 만날 기회를 주시면 고맙겠습니다. 귀하의 충고가 도움이 될 것입니다. 책자를 동봉합니다. 궁금하시면 알려주십시오.

I'd like to visit to your company for discussing about our business.
How about the week of June 17 ? I'll be staying for 2 days.
If you are not available on that day,
please let me know what day will be the best for you.
I'd appreciate it if you make hotel reservations near your company.
And could you let me know the airport shuttle service?
If there is no public transportation, could you arrange transportation
from the airport to the hotel?
Sorry to bother you but I'll return your kindness.
I look forward to meeting you soon.
사업을 논의하기 위해 귀사를 방문하고 싶습니다.
6월 17일경 주가 어떻습니까? 이틀 머물 예정입니다.
그 날이 어려우면 좋은 날을 알려 주십시오.
귀사 근처 호텔을 예약 해주시면 고맙겠습니다.
그리고 공항 셔틀버스를 알려 주실래요?
만약 교통편이 없으면 공항에서 호텔까지 교통편도 준비해 주실래요?
귀찮게 해서 죄송합니다. 보답하겠습니다. 곧 뵙기를 기대합니다.

You are welcome to visit us. June 17 would be fine with us.
I'll be happy to make hotel reservations for you.
I'll inform you as soon as the reservation is confirmed.
And I'd like to pick you up at the airport.
What time will you be here? Please let me know your flight schedule.
If you send your flight itinerary to me, I will pick you up.
방문 환영합니다. 6월 17일은 저희들에게 괜찮습니다.
기쁜 마음으로 호텔을 예약하고, 확정되는 대로 알려 드리겠습니다
그리고 공항에서 당신을 픽업하고 싶습니다.
이곳에 언제 도착하십니까? 비행기 시간표를 알려 주시겠습니까?
비행기 일정표를 저에게 보내주시면 당신을 데리러 가겠습니다.

 영업  사무  영업외

I am very interested in your product and
look forward to meeting you about making a contract.
What date and time is the most convenient for you?
귀사의 제품에 관심이 있어 계약을 위해 만나고 싶습니다.
어느 날과 시간이 가장 좋으신가요?

We hope you visit us soon. Currently, my schedule is flexible.
I can meet you at any convenient time.
Please drop me an email or a quick call with date and time,
and I'll be sure to arrange my schedule around it.
I look forward to hearing from you soon.
방문 환영 합니다. 지금 스케줄이 자유로워 언제든 만날 수 있습니다.
메일이나 전화로 날짜, 시간을 알려주시면 스케줄 조정하겠습니다.
곧 연락 주십시오.

I'd like to visit you for a face to face meeting.
Is it possible to sep up an appointment with you next Wednesday?
직접 만나 상의하기 위해 귀하를 방문하고 싶습니다.
다음 주 수요일 약속이 가능하겠습니까?

I seem to be unable to make an appointment on that date.
The schedule of next week is not fixed yet.
I'll email you my available dates next week.
그 날은 약속하기 힘들 것 같습니다.
다음 주 스케줄이 아직 확정이 안 되었습니다.
가능한 날을 메일로 알려드리겠습니다.

I'm afraid the schedule you suggested is not available for me.
Would it be convenient for you to reschedule our meeting from A to B?
방문을 기대합니다. 하지만 그 날은 약속하기 힘들 것 같습니다.
만남을 A날에서 B로 바꾸어도 되겠습니까?

Notice of Meeting (Seminar) 회의(세미나) 알림 - 일시, 주제

There will be a regular meeting at 9am on Monday.
It's mandatory for everyone to attend the meeting.
월요일 오전 9시에 정기 회의가 있을 겁니다.
전원 참석해 주시기 바랍니다.

I'd like to inform you that we'll have a meeting tomorrow morning at 9am in A.
We'll discuss about B. All staffs are required to attend the meeting.
내일 아침 9시에 A에서 회의가 있음을 알립니다. B에 관해 논의할 예정입니다.
직원들 모두 회의에 참석해 주시기 바랍니다.

We'll have a meeting next Monday from 9am in the conference room.
The main purpose of meeting is to review the quarterly revenue and to talk
about how to increase sales volume. We welcome any other issues
you may want to discuss. Please make sure everyone is in attendance.
다음 주 월요일 오전 회의실에서 9시부터 회의가 있습니다.
회의 목적은 분기 수익을 검토하고, 매출 증대 방법을 논의하기 위함입니다.
다른 문제에 대한 논의도 환영합니다. 모두 참석해 주시기 바랍니다.

Our company will be hosting the seminar on A at B. Major topic is C.
On behalf of the company, I'd like to recommend you all to attend the seminar.
This seminar will surely be helpful for all people.
We hope everyone can make it. Please confirm your attendance.
저희 회사에서 A일 B시에 세미나를 주최합니다.
주제는 C입니다. 회사 대표로써 모두 참석해주시라고 권합니다.
이 세미나는 모두에게 도움이 될 것입니다. 모두가 참석하길 바랍니다.
참석 여부를 확인해 주시기 바랍니다.

I'd like to remind you of the meeting.
It will begin at 10am prompt in conference room. Please don't be late.
회의가 있음을 상기시킵니다.
회의가 10시 정각에 회의실에서 시작됩니다. 늦지 마십시오.

Schedule of Meeting 회의 스케줄 - 요청, 변경

I'd like to hold a meeting to discuss about A.
Which day and time is the most convenient for you?
How about set up a meeting this Friday, 2PM?
Please let me know when you are available.
A에 대한 논의를 위해 회의를 열고 싶습니다.
어느 날과 시간이 가장 좋으십니까?
이번 주 금요일 오후 2시가 어떻습니까?
가능한 시간을 알려주시기 바랍니다.

We have to discuss about A. Let's set up a meeting immediately.
Please choose the suitable time for everyone and let me know.
A에 관해 상의해야 합니다. 즉시 회의를 잡읍시다.
모두에게 적당한 시간을 골라 알려주십시오.

I'm afraid we have to postpone the meeting for 2 hours.
I have some pressing business to take care of.
회의를 2시간 연기해야 될 것 같습니다.
몇 가지 처리해야 할 급한 일들이 있습니다.

I'd like to reschedule the meeting if possible.
I am wondering whether it is possible to postpone it until tomorrow 2pm.
가능하면 회의 시간을 변경하고 싶습니다.
내일 오후 2시로 연기하는 게 가능하겠습니까?

The meeting schedule has been changed from 2pm to 5pm
due to a scheduling conflict.
Please note the time change.
스케줄이 맞지 않아 회의가 오후 2시에서 5시로 변경되었습니다.
시간변경에 유의해 주십시오.

I need the quarterly report.
Would you please hand in the A quarter report until next Monday?
분기별 보고서가 필요합니다.
다음 주 월요일까지 A분기 보고서를 제출해 주시겠습니까?

This quarter sales are far below our expectation.
Write a report on the sales marketing strategy.
이번 분기 매출이 예상보다 낮습니다. 판매 마케팅 전략 보고서를 작성해주세요.

Have you completed your task?
I want you to file a report about the result and give it to me.
당신의 업무를 끝마쳤습니까?
결과에 대해 보고서를 작성해서 저에게 주십시오.

You haven't submitted the project report yet.
When will you finish your report?
It should be completed by the end of the week.
아직 프로젝트 보고서를 제출하지 않았습니다.
언제까지 보고서를 끝낼 수 있습니까?
주말까지는 끝내야 합니다.

Have you filed a monthly report?
I need the report on my desk first thing tomorrow morning.
월말 보고서를 작성하셨습니까?
내일 아침 오자마자 보고서를 책상 위에 가져다주세요.

I need the printouts for the report this afternoon.
Please make 10 copies and put them on my desk.
오후에 보고서 인쇄물이 필요합니다.
10부를 복사해서 제 책상에 놔주세요.

I acknowledge receipt of the mail.
I will finish the report at that time and give it to you.
메일을 받았음을 알립니다.
그 시간까지 끝내서 가져다 드리겠습니다.

I acknowledge that I have received this mail.
I've got a rush job to do right now.
Can you give me some more time?
I'll file a report as soon as possible.
이 메일 수신을 알립니다.
지금 급한 일을 하는 중인데 시간을 좀 더 주시겠습니까?
되도록 빨리 리포트를 작성하겠습니다.

I'll have the report finished within 2 hours.
Please allow a little more time.
2시간 안에 보고서를 끝내겠으니
조금만 더 시간을 주십시오.

I'll have finished the A quarter report by 2pm.
Please wait a little while longer.
2시까지 A분기 보고서를 끝마칠 것입니다.
조금만 더 기다려 주십시오.

Give me a little more time. It'll take time to complete the report.
시간을 좀 더 주세요. 보고서를 끝내려면 시간이 걸립니다.

I've finished the monthly report.
Would you like me to bring it right now?
월말 보고서를 끝냈습니다.
지금 가져다 드릴까요?

I am writing to discuss something else.
We have to review the details of the project and make a decision in a few days.
It's necessary for us to discuss together.
Please send a email to me what you think about this matter.
I want to hear your views and plans.
상의할 것이 있어 보냅니다.
프로젝트의 세부항목들을 상의하여 며칠 안으로 결정을 내려야 합니다.
함께 토론할 필요가 있습니다.
이 문제에 대한 생각을 메일로 보내주십시오.
당신의 견해들과 계획들을 듣고 싶습니다.

We have the urgent problem to discuss. We are a little bit of in a hurry.
Your idea and suggestions will be very important and valuable.
We have to make a right decision immediately.
Please go over the attached file and reply as soon as possible.
오늘 논의하고 결정해야할 긴급한 안건이 있습니다. 다소 급한 상황입니다.
귀하의 생각과 제안은 중요하고 가치가 있을 것입니다.
빨리 옳은 결정을 내려야 하니, 첨부 파일을 훑어보시고 빨리 회신 바랍니다.

We have a few things to discuss today.
Your view will contribute to decide on these items.
Though many people have different opinions,
I'd like to exchange your frank opinions.
I am attaching the file. I look forward to hearing from you soon.
오늘 결정해야 할 몇 가지가 있습니다.
귀하의 견해가 안건들을 결정하는데 기여할 것입니다.
비록 많은 사람들이 다른 의견을 갖고 있지만, 솔직한 의견 교환을 원합니다.
파일 첨부합니다. 빠른 연락 주시기 바랍니다.

영업　　사무　　영업외

We have several items to discuss and exchanges of views.
There were disputes over these issues during the meeting.
We have to decide on these matters until the end of the week.
What's your view on A matter? Have you anything to say about it?
If you have any ideas, could you tell me about it in detail?
토론하고 상의할 안건들이 몇 개 있습니다. 회의 중 이 문제들에 대해 논쟁이 있었습니다. 주중에 결정해야 합니다. A 문제에 대한 의견은 어떻습니까?
다른 의견이 있읍니까? 만약 아이디어가 있으면 자세히 말해 주시겠습니까?

We have to solve the recent issue. Would you like to share us with your thought? How do you think when you were in my shoes? Is there anything else you'd like to suggest? Please, think about it, and then let me know.
최근의 문제를 해결해야 합니다. 귀하의 생각을 말씀해 주시겠습니까?
제 입장이라면 어떻게 생각하십니까? 제안 하실 것이 있으십니까?
생각해 보시고 알려 주십시오.

Let me tell you what I think. I see it another way. The problems are complicated and multi-faceted. I don't know how to tell it to you.
But I have a suggestion about A. I think that B is the key
to solve the problem. I don't know if that is a satisfactory comment.
제 생각을 말하겠습니다. 저는 다른 방향으로 보고 있습니다.
문제들이 복잡하고 다면적인 것 같습니다. 어떻게 말씀 드려야 할지 모르지만
A에 관한 제안이 있습니다. B가 문제를 푸는데 중요하다고 생각합니다.
만족할 만한 제안이었는지 모르겠습니다.

Your opinion seems well reasonable. Thanks for your opinion.
I appreciate the suggestion and I will consider it.
당신의 의견은 꽤 합리적인 것 같습니다. 의견 감사드립니다.
제안해 주셔서 감사드리며, 고려해 보겠습니다.

회의　보고서　상의　약속　일처리　질책　칭찬　알림

 기본
 거래
 업무

I'd like to meet with you and talk about the business.
May I visit your office on Friday?
Please let me know when is convenient for you.
I look forward to hearing from you.
사무실을 방문하여 사업에 대해 이야기 하고 싶습니다.
어느 시간이 가장 편안하십니까? 답장 기다리겠습니다.

I'm available on this Friday afternoon. How about 2pm?
금요일 오후는 괜찮습니다. 오후 2시가 어떻습니까?

I'm afraid I am not available for this whole week.
I can see you Tuesday and Wednesday next week.
And I am available any time until 5pm.
이번 주 전부 시간이 안 됩니다. 다음 주 화요일이나 수요일 가능합니다.
그리고 오후 5시 이전에는 아무 때나 가능합니다.

I'd like to meet you tomorrow. Are you available at 2pm?
Please let me know what time is good for you?
내일 만나고 싶은데 오후 2시 괜찮으십니까?
어느 시간이 좋은지 알려주세요.

Thank you for your email. Tomorrow is fine with me.
Please drop by at any time. See you tomorrow.
메일 감사합니다. 내일 괜찮습니다.
아무 때나 들려주세요. 그럼 내일 뵙겠습니다.

I'm afraid 2pm is not good for me. I have a prior appointment.
I'll be available from 4pm. Please stop by at that time.
오후 2시는 선약이 있어 어렵습니다.
오후 4시부터 시간이 되니 그때 들려주십시오.

영업 사무 영업외

I'd like to set up a business lunch with you.
Are you available for lunch tomorrow?
When are you available for lunch?
업무겸 점심식사를 하고 싶습니다. 내일 시간이 되십니까?
점심으로 언제가 편하십니까?

Tomorrow lunch is fine for me. See you tomorrow.
내일 점심 괜찮습니다. 내일 뵙겠습니다.

I am not sure but I guess I am not available tomorrow.
I'll call you after checking my schedule.
확실하지는 않지만 내일은 안 될 것 같습니다.
스케줄을 확인하고 연락드리겠습니다.

I'm unable to make it tomorrow. I have an appointment for lunch.
This Friday would be fine with me.
내일은 안 됩니다. 점심약속이 있습니다.
이주 금요일이 괜찮을 것 같습니다.

Something urgent has come up here, and I have to take care of it.
I wonder if it's okay to reschedule an appointment.
Can we move our meeting on A to B?
급한 일이 생겨서 처리를 해야 할 일이 있습니다.
약속을 다시 잡아도 될까요? A날에서 B로 옮겨도 괜찮겠습니까?

I'm afraid something urgent has come up and I won't be able to meet you at 6pm. Can we move our meeting from 6pm to 7pm?
급한 일이 생겨 6시에 못 만날 것 같으니 7시로 옮겨도 될까요?

Sorry, something urgent came up. I don't think I can make it today.
I will send a text message to you as soon as it is resolved.
죄송합니다. 급한 일로 오늘 못 뵐 것 같습니다.
해결 되는대로 문자 드리겠습니다.

회의 보고서 상의 약속 일처리 질책 칭찬 알림

How many people will be attending the meeting?
We need to know the number of participants to reserve a meeting room
and to make copies for the presentation.
And check the project, microphone and the volume of speakers.
We are planning to have a dinner after the meeting,
so make a reservation at the neighboring restaurant.
회의에 몇 명이 참석합니까?
회의실을 예약하고 발표 복사본을 위해 숫자를 알아야합니다.
그리고 프로젝터, 마이크, 스피커 음량을 확인해 주세요.
회의 후 저녁식사를 할 계획이니 근처 식당을 예약해 주세요.

How is the A project going? Can you make a detailed report?
And keep me informed of the progress at all times.
A 프로젝트는 어떻게 되어가고 있습니까? 자세히 보고해 주실래요?
그리고 항상 일이 어떻게 되어 가는지 알려주세요.

Did you solve the problem? How do you resolve it?
Give me the rundown. I want you to keep me in the loop on things.
그 문제를 해결했나요? 어떻게 해결했죠?
설명해 주세요. 계속 보고받기를 원합니다.

Please expedite matters and fix the problem as soon as possible.
I look forward to a favorable result. Please keep me up to date.
일을 신속히 처리하고 가능한 빨리 A 문제를 처리해 주세요.
양호한 결과를 기대하겠습니다. 계속 알려주세요.

It's expected that we'll have 20 attendees in the meeting.
I reserved A meeting room and
everything will be well prepared in advance.
회의에 20명이 참석할 것 같습니다.
A회의실을 예약했고 모든 것이 미리 잘 준비 될 것입니다.

I am trying to get a handle on what happened.
It's actually a lot more complicated than what it looks like.
It'll probably take a little while longer.
I am going to solve the problem as soon as possible.
I will tell you further details later. I'll do my best until it's finished.
무슨 일인지 알아보려고 노력하고 있습니다. 보기보다 상당히 복잡하네요.
시간이 더 걸릴 것 같습니다.
나중에 더 자세히 말씀 드리겠습니다. 끝날 때까지 최선을 다하겠습니다.

I am writing to follow up on our discussion at last meeting.
As you requested, I filed a work order with the A department
regarding the B problem you reported. The investigation made it clear
that there was a mistake. This would not happen again.
I am pleased to report that we have solved that problem.
지난 회의시간 논의에 대한 후속조치에 대해 알려드립니다.
당신이 보고한 B문제에 대해 A부서에 당신의 요구대로
업무지시를 내렸습니다. 조사를 해 보니 실수가 있었습니다.
앞으로 이런 일은 일어나지 않을 것입니다.
그 문제를 해결했음을 알려드립니다.

 기본  거래  업무

실적 질책

I'd like to notify you that your performance is not meeting expected levels of contribution. Your output remains 20% below the output of your average coworkers. Your supervisor has spoken with you numerous times. But we believe that you are not willing to perform. This is adversely affecting the workload of the rest of the staff.
We need to see an immediate improvement in all areas of performance. Or additional disciplinary action including employment termination will occur. We have faith that you have the capability to improve.

당신의 실적이 기대한 만큼 기여도가 높지 않아 알립니다. 당신의 실적은 다른 직원들 평균 실적의 20%이하입니다. 당신의 상사가 당신에게 여러 차례 말했습니다. 하지만 우리는 당신이 일을 수행할 의지가 없다고 여겨집니다. 이것은 다른 직원들의 업무량에 부작용을 미칩니다. 우리는 모든 실적에서 즉시 향상되기를 바랍니다. 그렇지 않으면 징계 절차가 있거나 해고될 수도 있습니다. 당신이 향상될 것이라 믿겠습니다.

결과 질책

This mail is a formal reprimand for the performance you have exhibited on the job. Your work is not improving despite of encouragement and coaching from your supervisor. As you can see, the report is unsatisfactory and your result is below the standard that the rest of the staff are achieving. If you don't demonstrate immediate progress, I will be very disappointed. Please take this advice seriously as our preference is always to see employees succeed.

이 메일은 당신이 직장에서 보여준 실적에 대한 질책입니다. 당신의 일은 상사의 격려와 코치에도 향상을 보이지 않습니다. 결과가 신통치 않았습니다. 당신의 결과는 다른 동료 평균의 이하입니다. 즉각적인 향상이 없으면 매우 실망하게 될 것입니다. 우리 회사는 직원들이 항상 성공하기를 원하지만, 이 충고를 심각하게 받아들이시기 바랍니다.

비밀 누설 질책

You seemed to fail to safeguard the confidential information you have acquired about our company. Revealing information to other people is a violation of the confidentiality rights of the employee.
It is a breach of your entrusted managerial role.
I am reminding you of the critical importance of safeguarding confidential information that your role requires. Another breach of our confidence will result in additional disciplinary action up to and including the possibility of employment termination.

당신은 우리 회사에 대한 비밀정보 보호를 위반한 것 같습니다.
다른 사람에게 정보를 말하는 것은 고용인의 비밀의무를 위반한 것입니다
그것은 신뢰가 필요한 당신의 관리역할에 위배됩니다.
당신 역할에 필요한 비밀 정보의 보호가 중요함을 인지시킵니다.

지각 질책

I'd like to notify you that you did not attend the office on time and as scheduled. You have arrived over 10~30 minutes late for work on a few occasions in the past one month.
Since timely attendance is significant, late attendance is unacceptable. You have received a warning for your tardy problems on several occasions. If you arrive late for your shift again,
further disciplinary action will occur.

당신은 지난달 10분에서 30분정도 여러 차례 지각을 하였습니다.
당신이 정시에 사무실에 출근하지 않아 알립니다. 정시 출근이 중요하므로 지각은 용납되지 못합니다. 당신은 여러 차례 게으른 문제에 대해 경고를 받았습니다. 만약 또 지각하면 추가 징계가 있게 될 것입니다.

 기본  거래  업무

실적 칭찬

I'd like to notify you that your performance exceeds the rest of the staff by 25%. Your ability in sales and management seems to be a good match for the position. You are forward thinking and contribute a great deal of time and effort. Thank you for your hard work.

당신의 실적이 다른 직원들 보다 25% 초과했다고 알려드립니다. 귀하의 판매경영 능력이 직위에 적합한 것 같습니다. 당신은 앞서 생각하고 시간과 노력을 아끼지 않습니다. 당신의 노고에 감사드립니다.

능력 칭찬

You have been very helpful to our company during the project. Your ability and support has made us feel much more confident that we can make a great progress in this difficult market. I am hopeful that you are willing to work dedicatedly for the company without a break. Thank for your contribution.

이 프로젝트 기간 우리 회사에 매우 도움이 되었습니다. 당신의 능력과 도움이 이 어려운 시장 속에서도 성과를 낼 수 있다는 확신을 주었습니다. 회사를 위해 계속 헌신적으로 일해주길 희망합니다. 노고에 감사드립니다.

발표 칭찬

You really did a good job on the presentation. It was a great presentation and you explained things well. We have always greater expectations of you.

발표를 잘했습니다. 좋은 발표였고 설명을 잘했습니다. 항상 당신에게 거는 기대가 큽니다.

 영업　 사무　 영업외

서비스 칭찬

We are very impressed with your service mind.
The quality of customer service is extremely important.
I am grateful for your good attitude. Thank you so much for your work.
귀하의 서비스 정신에 감명을 받았습니다.
고객 서비스의 질은 상당히 중요합니다.
귀하의 좋은 자세와 노고에 감사드립니다.

아이디어 칭찬

I enjoyed speaking with you today about A. Your ideas seem to be an excellent match between our goals and what B company offers. The creative approach to solve the problem will encourage others to work cooperatively and positively. Thank you again for taking the time to discuss with me and if you have any additional advices, please feel free to contact me.
A에 관한 대화 즐거웠습니다. 당신의 아이디어는 우리의 목표와 B사의 제안에 잘 맞는 것 같습니다. 문제 해결을 위한 창조적인 접근이 다른 사람들을 협동적이고 긍정적으로 자극을 줄 것입니다. 저와 논의해 줄 시간을 주어 감사드리며 충고할 것이 있으시면 언제든지 연락을 주십시오.

결과 칭찬

As I said during the meeting, A department offered a wonderful support for those in need. I was impressed to see how many staffs have contributed to get a good result. I look forward to getting to know more about your ability. Thank you very much for your best result.
회의에서 말했듯이 A부서의 필요한 사람들에게 훌륭한 뒷받침을 해 주었습니다. 많은 직원들이 좋은 결과를 위해 헌신하는 것을 보고 감명 받았습니다. 당신의 능력에 대해 더 알고 싶습니다. 최상의 결과에 정말 감사드립니다.

Notice of Business Trip (Vacation, Early Leaving)
출장 (휴가, 조퇴) 알림

I will be on a business trip from A through B. I will check email, but won't be able to reply soon. If you have an urgent problem, A will take care of it instead of me.
A부터 B날까지 출장 중입니다. 이메일을 체크하겠지만, 바로 답장을 못할 수 있습니다. 급한 일이 있으면 A씨가 저를 대신해서 처리해 주실 것입니다.

I'd like to notify you that manager A will be out of the office from B until C due to a business trip.
B날부터 C날까지 A과장님이 출장으로 사무실을 비게 됨을 알려드립니다.

I'd like to inform you that I will be on vacation for 7 days from A to B. But I will be available via email.
I will be checking email occasionally and will respond to urgent matters.
A날부터 B날까지 7일간 휴가임을 알립니다.
이메일로 연락이 되므로 간혹 메일을 체크하여 급한 문제는 답변 드리겠습니다.

I am going to be on maternity leave for one year.
I'll come back and see you next year.
1년간 육아휴직을 갈 예정입니다.
내년에 돌아와 뵙겠습니다.

I want to let you know that I am leaving work early today due to a private matter. If there is an urgent issue, please call me. I apologize for any inconvenience.
개인적인 일로 오늘 조퇴함을 알립니다. 급한 일이 있으면 전화 주십시오.
불편을 드려 죄송합니다.

I won't be in the office until 5 pm today to take care of some business.
Call me in case of an emergency.
일 처리 관계로 오늘 오후 5시까지 사무실에 없습니다.
급한 일이 있으면 전화주세요.

Notice of Holiday (Visiting, Inconvenience, Transfer, Retire)
휴일 (방문, 공사, 전과, 퇴직) 알림

We inform you that our company will be closed from A to B due to a national holiday. The company will reopen on C.
국경일로 A날부터 B날까지 쉬고 C날 다시 업무를 시작합니다.

This is to inform you that the business partner is planning to visit our department next Monday at 9am.
Please be prepared to share our project and impress the visitor.
협력사에서 다음 주 월요일 9시에 방문할 계획임을 알려드립니다.
방문자에게 프로젝트를 논의하고 좋은 인상을 주도록 준비해 주십시오.

Please be advised that water service in the entire building will be shut down for routine maintenance from today 3pm.
수도관 정기 점검 관계로 오늘 오후 3시부터 건물 전체의 수돗물 공급이 중단될 예정이오니 인지하여 주십시오.

I'd like to inform you that I will be transferred to A office as of B.
Thank you for all the assistance you have provided me.
A지사로 B날 전근가게 되어 알립니다.
저에게 그동안 도움을 주어서 감사했습니다.

I am sorry to announce that I have to decide to leave the company.
Thank you for all the help you have given me.
Your assistance has been invaluable to me.
I greatly appreciate your generosity. Again, thank you so much.
퇴사하게 되어 유감입니다. 저에게 준 도움에 감사드립니다.
여러분의 협조는 제게 귀중한 것이었습니다. 모두에게 감사드립니다.

I am sorry to tell you that A will retire on B due to a personal matter.
A씨가 개인적인 일로 B날 퇴사하게 되어 유감임을 알립니다.

 기본  거래  업무

Dear Recruiting Manager

I would like to express my strong interest in the job opening.
I believe that your company has the ideal culture in which to pursue my goal of becoming a business leader. My experience and education in the university prepare me to be successful at any company.
I am confident that my diligence and interpersonal skills make me an ideal candidate for the position. You state in your job application that you are looking for a new person who is able to develop effective relationships with staffs and customers. I understand that the position requires extensive knowledge which I am not yet familiar. However, one of my greatest strengths is my ability to learn new tasks and new technologies quickly and efficiently. And my intimacy skills will allow me to adapt quickly to the new environment. I have enclosed my resume for review, and will contact you anytime if you might want to have an interview. It would be a pleasure to meet you. Thank you so much for your time and consideration.

채용 담당자에게

귀사의 구인에 큰 관심이 있습니다. 제 생각에 귀사는 비즈니스 지도자가 되는 제 포부에 맞는 회사라고 생각합니다. 대학에서의 제 경험과 교육은 어느 회사든 맞게 잘 준비되어 있습니다. 저의 근면함과 사람간의 소통 능력이 그 직업에 맞는 사람이라 확신합니다. 구직란에 직원들 및 고객들과 좋은 관계를 맺을 사람을 구한다고 하였습니다. 그 위치가 아직 제게 아직 친숙하지 않겠지만, 저의 장점은 빠르게 일에 적응하고 기술을 습득하는 것입니다. 그리고 저의 친밀감은 새로운 환경에 빨리 적응하게 합니다. 이력서를 동봉하오니 검토하시고, 인터뷰를 원하시면 언제든지 만나겠습니다. 만나길 고대합니다. 감사합니다.

 영업  사무  업무외

 구직

Dear Hiring Manager

I am writing in regard to the help wanted advertisement posted on A. I am interested in the job opening at your company. I have several years of various experience through part time job and strong communication skills. I have experience with a variety of software programs, including HWP, Excel and Microsoft Office. I can work in a busy work environment with professional staffs. My experience and confidence will make me an excellent candidate for this job. My ability will offer the quick learning and adaptability that is needed for a diversified position. In addition to my enthusiasm for performing well, I will bring the proactive attitude necessary to get the job done. I have enclosed curriculum vitae and application form. Writing a job application form served to reinforce my interest in becoming part of your company. I greatly appreciate you taking the time to review my experience. I want to take this opportunity. Thank you for your consideration. I look forward to hearing from you to arrange an interview.

 재취업

인사부장님께

A에 올라온 구인광고를 보고 보냅니다. 귀사의 구인에 관심이 있습니다. 저는 아르바이트를 통해 다양한 경험을 하였고 사람간 소통을 잘합니다. 한글, 엑셀, 마이크로 오피스 등 다양한 프로그램을 다룰 줄 압니다. 저는 능숙한 직원들과 바쁘게 일할 수 있습니다. 저의 경험들과 자신감은 이 직업에 아주 적합하다고 생각합니다. 제 능력은 다양한 위치에서 쉽게 배우고 적응하게 할 것입니다. 최선을 다하겠다는 저의 열정과 더불어 일을 완수하는데 필요한 적극적인 자세를 가질 것입니다. 제 이력서와 입사지원서를 동봉하오니 제 경험들을 검토해 주십시오. 이 기회를 잡고 싶습니다. 감사드리며 인터뷰를 기다리겠습니다.

 채용 답변

 추천서

Dear Hiring Manager,

As my resume indicates, I have worked as an staff in A department of B company and have roughly a few years of variable experiences.
I have had the opportunity to learn skills to work with speed and accuracy.
I am sure you are aware of the flexibility and knowledge such positions require.
I want to bring my knowledge and various experiences to your company.
I am a well rounded candidate you will be proud to have on your staff.
I will bring the reinforced business spirit and diligence to your company.
It is my sincere hope that we will meet for an interview to discuss any questions. I have enclosed my resume for your review.
Please feel free to call (number) or email me to schedule an interview.
I would appreciate the opportunity to meet with you.
Thank you for your interest and consideration, and best regards.

인사부장님께

제 이력서에 보이듯 B회사 A부서에서 직원으로 일했고, 몇 년간 다양한 경험들을 했습니다. 저는 빠르고 정확하게 일하는 능력을 배우는 기회를 가졌습니다. 저는 당신이 그 위치가 필요로 하는 융통성과 지식을 알거라 생각합니다. 저는 저의 지식과 다양한 경험을 당신의 회사에서 유용하길 기대합니다.
저는 당신의 동료직원으로서 자랑스러워 할 다재다능한 사람입니다.
당신의 회사에 저의 더 나은 비지니스적 정신과 근면성을 가져가겠습니다.
궁금한 점을 논의하기 위해 인터뷰를 가졌으면 하는 바램입니다.
제 이력서를 보내니 검토해 주십시오. 인터뷰를 위해 아무 때나 전화나 이메일 주시기 바랍니다. 만나길 기대합니다. 당신의 관심과 배려에 감사드립니다.

구직

Dear Recruiting Manager

I'm writing to express my interest in the job opening.
I have heard you're seeking a candidate with a potential ability.
I think my skills and experiences in business would be an ideal match for the position. For a few years, I've worked at A, where I've been successfully developed and maintained my business ability.
I feel confident that my experiences in the workplace would enable me to fill the job requirements effectively. My communication skills are strong, and I'm skilled at problem −solving when unexpected issues arise. Please see my attached curriculum vitae and application form for more information on my work history.
I would love the opportunity to bring my knowledge as a talented person. I look forward to speaking with you about the position in person. If you have any questions, please don't hesitate to contact me directly. Thank you for your time and consideration.

재취업

채용 답변

채용 담당자에게

귀사의 구인에 관심이 있어 보냅니다.
잠재력이 있는 사람을 구하는 것으로 들었습니다. 비즈니스에서의 저의 기술과 경험이 그 위치에 맞을 것으로 생각됩니다. 몇 년간 저는 A에서 일하며, 성공적으로 제 비즈니스 능력을 개발하고 유지해 왔습니다.
일터에서의 경험이 지금의 직업에 잘 맞을 것으로 확신합니다.
제 소통 기술은 좋으며, 갑작스러운 문제를 해결하는 재주가 있습니다.
제 지식을 유능한 인재로써 사용할 기회를 원합니다. 이력서와 입사지원서를 동봉하였으며, 직접 직위에 대해 논의하길 원합니다.
물어보실 것이 있으시면 직접 연락을 주십시오. 감사합니다.

추천서

Thank you for your application and resume.
It will take time for us to screen job applications.
Only those applicants whose application have passed the screening will be called in for an interview.
귀하의 지원과 이력서 감사드립니다.
지원서를 검토하는데 시간이 걸립니다.
서류 심사를 거쳐 합격한 분께만 면접 연락을 드리겠습니다.

Thank you for your application.
We are pleased to inform you that you have passed the screening.
Please be sure to come to our company for an interview at A on B.
귀하의 지원서 감사드립니다.
귀하가 심사를 통과하였음을 알리게 되어 기쁩니다.
면접을 위해 B날 A시에 인터뷰를 위해 꼭 저희 회사에 와주시기 바랍니다.

Thank you for appling for the position.
We'd like to meet you for an interview.
Can you come to our company at A on B?
We look forward to seeing you.
귀하의 지원에 감사드립니다.
귀하와 면접을 위해 만나고 싶습니다.
B날 A시에 저희 회사에 와주실 수 있겠습니다.
귀하를 뵐 수 있기를 기대하겠습니다.

 구직

Thank you for your resume.
We are very sorry to inform you that you didn't pass the screening.
Good luck with your job search.
귀하의 이력서 감사드립니다.
귀하가 심사를 통과하지 못했음을 알리게 되어 죄송합니다.
구직의 성공을 바랍니다.

 재취업

Thank you for your application and resume.
We don't have your niche right now.
We will keep your resume and contact you
if there is an available position. Good luck.
귀하의 지원과 이력서 감사드립니다.
귀하와 맞는 자리가 지금 없습니다.
이력서를 보관했다가 자리가 생기면 연락드리겠습니다.
행운을 빕니다.

 채용 답변

Thank you for your application.
We are very sorry to inform you that we have filled the position
for which you recently applied.
We will contact you if the position is vacated.
Good luck with search for job.
귀하의 지원과 이력서 감사드립니다.
귀하께서 지원한 자리가 찼습니다.
결원이 생기면 연락드리겠습니다. 행운을 빕니다.

 추천서

Recommendation Letter - To Whom It May Concern

I'd like to take an opportunity to offer a formal recommendation for Mr. A. He is a highly intelligent and diligent young man. He has positive attitude and his working ability is outstanding. He is always consistent, passionate and cheerful in his work. He has incredible creative energies and a refreshing idealism.

I am sure he will be an excellent business man. I highly recommend him to your company. He will not disappoint you and probably will exceed our expectations. Thank you for the opportunity to recommend such a special young man.

추천서 - 관련자에게

미스터A를 추천합니다. 그는 아주 지적이고 근면한 청년입니다. 그는 긍정적이며 일하는 능력이 뛰어납니다. 그는 일하는데 꾸준하고, 열정적이며, 즐겁게 임합니다. 그는 아주 창조적인 에너지와 신선한 생각을 가지고 있습니다. 그가 훌륭한 비즈니스맨이 될 것을 확신하며 귀사에 추천합니다. 아마도 우리의 기대를 저버리지 않을 것입니다. 이렇게 특별한 청년을 추천하게 되어 감사드립니다.

I'd like to recommend Mr. A. I have known him for a few years. He has done well in all his duties and extremely well prepared to fulfill his work.

His personality is wonderful, outgoing and friendly, but not dominating. He has an extensive knowledge and strong communications skills. I feel very confident that he will be very enthusiastic about the work and his combination of skills and experiences will serve your company well. I highly recommend him for the available position. I hope that you will consider his application strongly.

미스터A를 추천합니다. 저는 그를 몇 년간 알아왔는데 그는 그의 모든 일을 잘하고, 일의 준비성이 뛰어납니다. 그의 성격은 훌륭하고 외향적, 친근하지만 지배적이지는 않습니다. 그는 박식하고 대화에 능합니다. 일에 열정적이고 그의 재주와 경험으로 귀사에서 일을 잘 할 것이라 확신합니다. 추천 드리오니, 그의 지원을 긍정적으로 고려해 주십시오.

 영업　 사무　 업무외

 구직

I am writing in support of Mr. A. He is an excellent and active person with a lively curiosity. He is intelligent and diligent. He enjoys hard working and actively participates in any working places. He is not only very good at working with other people, but also good humored and friendly. I am sure that he will carry out his duty successfully and perform well in your company. I would like to give him my highest recommendation, and very much hope that you judge his application favorably. Thank you for your time and consideration.

재취업

미스터A를 추천합니다. 그는 뛰어나고 호기심이 많고 활동적입니다. 열심히 일하기를 즐기고, 어느 일이든 적극적으로 참여합니다. 다른 사람들과 함께 협동을 잘하며 잘 웃고 친근한 성격입니다. 그가 귀사에서 직무를 성공적으로 잘할 것이라 믿습니다. 강력히 추천 드리오니, 그의 지원을 긍정적으로 고려해주시면 감사하겠습니다.

채용 답변

This letter is my personal recommendation for Mr. A. As the senior staff, I have known him for a few years and I consider he is one of the most responsible member of our department. He has a wide breadth of experience of the inter personal relationship. I firmly believe that he will be a good fit at your company.
He will be a dedicated member and donate his time to your company. I hope that you will carefully consider his application.
Thank you for your time and consideration.

추천서

미스터A를 개인적으로 추천합니다. 직장 상사로 그를 몇 년 동안 알아 왔고, 그는 우리 부서의 책임감 있는 직원 중 한 명이었습니다. 그는 넓은 인간관계를 가지고 있습니다. 그가 당신의 회사에 잘 맞을 거라 여기며, 귀사에 헌신하는 사람이 될 것이라 확신합니다. 그의 지원을 긍정적으로 고려해 주십시오. 감사합니다.

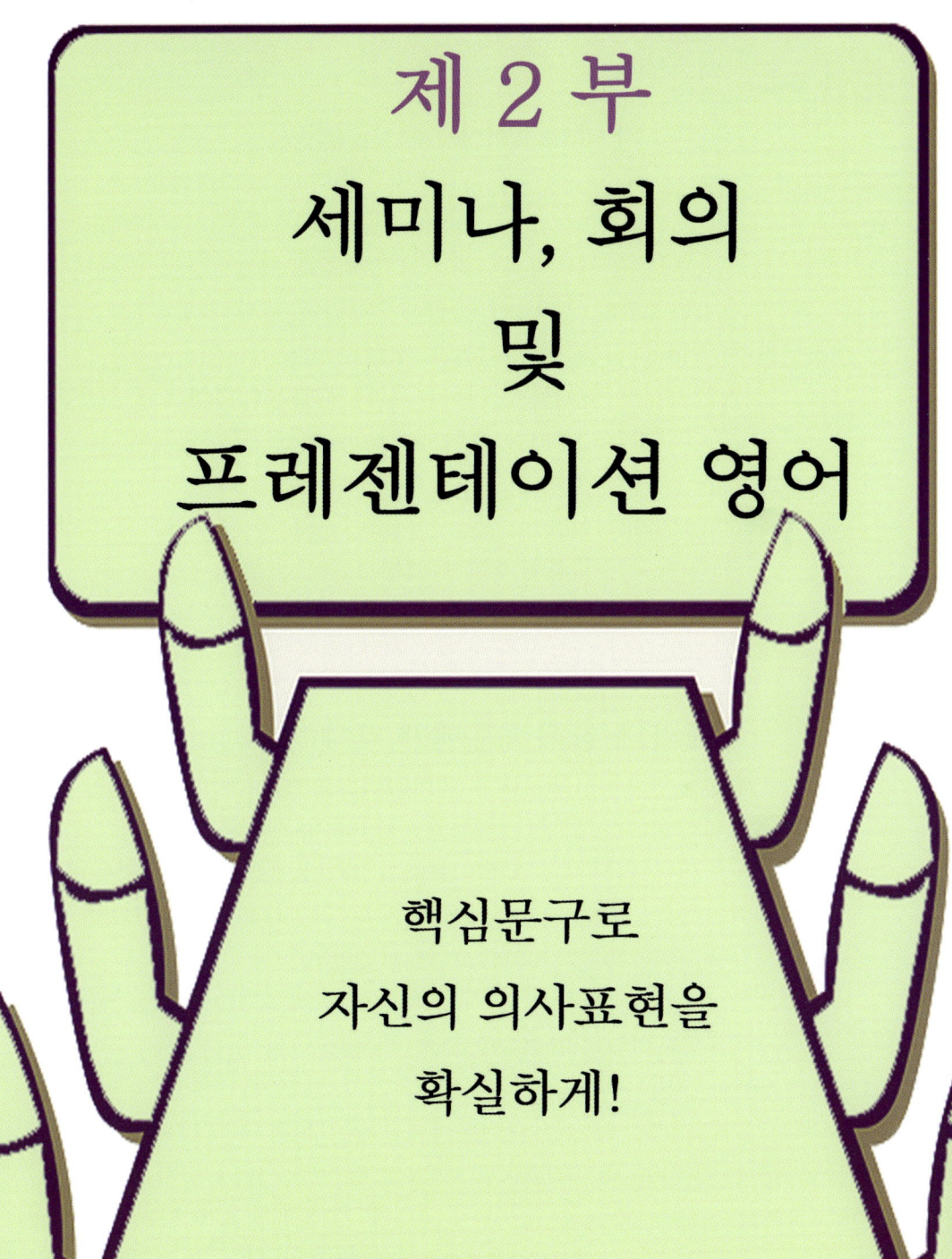

세미나, 회의, 모임 알림

1. On behalf of the A company (department), I'd like to recommend you all to attend the seminar (conference, meeting) that would be held on B at C.
A회사(부서) 대표로써 B날 C시간에 열리는 세미나 (회의, 모임)에 참석해주시라고 권합니다.

2. There will be a meeting on A at B to discuss the issues.
A일 B시에 문제를 논의하는 회의가 있겠습니다.

3. The meeting will be held in A room tomorrow morning at 9 am.
모임이 내일 아침 9시에 A실에서 열립니다.

4. Our company will be hosting the seminar on A at B.
저희 회사에서 A일 B시에 세미나를 주최합니다.

5. This meeting will surely be helpful for all people.
이 모임은 모두에게 도움이 될 것입니다.

세미나 참석자들에게 보내는 내용

1. We would like to take this opportunity to inform you that A company has organized a seminar on B on C.
A회사에서 기획한 세미나가 C날짜에 B에서 열림을 알려드리고 싶습니다.

2. We would be highly honored if you can spare some time from your busy schedule to attend the seminar.
바쁘시지만 시간을 내주셔서 세미나 참석을 해주시면 고맙겠습니다.

3. Seminar participants are required to register by －.
세미나 등록은 －까지 해주시길 바랍니다.

4. We will help you to reserve a hotel room and provide transportation information. Please refer to attached file.
호텔 가이드와 교통편 정보를 드리오니 첨부된 파일에서 도움을 받으십시오.

5. If I can be of help to you, please feel free to contact me.
제가 도움이 된다면 주저하지 마시고 연락을 주십시오.

6. We look forward to discussing with you during the seminar.
세미나 중의 토론을 기대합니다.

세미나 시작 전 접수처에서 필요한 표현들

1. It will soon be ready to begin the registration process.
접수는 곧 시작될 것입니다.
2. When you arrive at hotel, stop by seminar office and contact information.
호텔에 도착하시면 세미나 사무실에 오셔서 도움을 받으시길 바랍니다.
3. Seminar participants are required to register by 9 AM.
세미나 참석자들은 아침 9시까지 등록하셔야 합니다.
4. Would you like to enroll on the seminar lecture course?
세미나 강좌에 등록하실 것입니까?
5. Could you write down the details on your registration card?
등록카드에 자세히 적어주실래요?
6. Are you a registered participant of the seminar?
세미나에 등록하신 참석자이십니까?
7. Would you write down your name and company?
이름과 회사를 적어 주실래요?
8. Here is your registration and name card.
여기 등록증과 명함이 있습니다.

세미나 접수처에서 참가자 이름을 다시 확인하고 싶을 때

1. Pardon me? Would you say your name again?
2. Excuse me? Let me confirm your name.
3. Could you please repeat your name?
4. Could you please remind your name?
5. Please, remind me of your name.
6. Please, allow me to confirm your name.
7. Could I just confirm your name?

세미나와 같은 공식적인 장소에서의 인사

1. Welcome to the seminar (conference, meeting)
세미나 (회의, 미팅)에 참석해 주신 걸 환영합니다.

2. It's an honor for me to have the opportunity of speaking.
말할 수 있는 기회를 가져 영광으로 생각합니다.

3. I am delighted to be here and I must say that
I am very impressed by this beautiful country.
이곳에 오게 되어 기쁘고, 이 나라의 아름다움에 대해 깊은 인상을 받았습니다.

4. It's a great pleasure to see so many participants from abroad.
해외에서 많은 분들이 참석하셔서 기쁩니다.

5. This seminar will continue to play an important role in A field.
이 세미나는 A분야에 중요한 역할을 계속할 것입니다.

6. This seminar is an important meeting and providing us with an opportunity
to share our views and discuss a wide range of current technique.
이번 세미나는 최신 기술들에 대한 경험을 나누고
토의하는 기회를 주는 중요한 모임입니다.

7. We are sure that A technique will serve as an important momentum
for updating technology.
우리는 A기술이 최신 기술을 위한 중요한 추진력 역할을 할 것으로 확신합니다.

8. I wish this seminar to play as a seed for
you to harvest the fruitful results.
이번 세미나가 여러분들에게 좋은 결실을 맺을 수 있는 씨앗이 되길 바랍니다.

9. Please use this seminar to make useful contacts for future cooperation.
이번 세미나를 미래의 협력을 위한 만남이 되게 하십시오.

10. I take this opportunity to thank the organizers and related all persons
who have assisted the organizing of this seminar.
이번 기회에 세미나를 도와준 모든 관계자와 조직위에 감사드립니다.

작은 회의 같은 비공식적인 장소에서의 인사

1. I on behalf of A company(department),
thank you all for coming to the meeting.
A 회사(부서) 대표로써 모임에 와주신 모두에게 감사드립니다.

2. Thank you for taking the time.
시간을 내주셔서 감사합니다.

3. Thank you for attending today's meeting.
오늘 회의에 참석해 주셔서 감사드립니다.

4. I'm happy to be a member and work with you all.
여러분과 함께 일원이 되어 일을 하게 되니 기쁩니다.

5. I am convinced that face to face meeting will offer
the possibility of having a fruitful discussion.
얼굴을 맞대고 하는 회의가 유익한 토론의 장을 제공할거라 믿습니다.

6. I wish you have an inspiring and productive meeting.
여러분에게 자극이 되고 유익한 회의가 되길 바랍니다.

7. We have reached some important milestones.
우리는 지금 중요한 지점에 와있습니다.

8. I hope this meeting can help move the process forward.
이번 회의가 좀 더 발전되게 나가게끔 도와주길 희망합니다.

9. I believe you will be discussing passionately issues
and matters regarding current situation.
현재의 상황과 이슈들에 대해 열렬하게 토론하리라 믿습니다.

10. I am looking forward to an interesting meeting and
following fruitful discussions.
흥미로운 회의가 되고 좋은 결실을 얻은 토론이 되길 바랍니다.

11. I hope things are expected to go well through meeting.
여러 가지 것들이 회의를 통해 향상되리라 기대하고 있습니다.

세미나와 같은 공식적인 장소에서의 소개

1. Thank you for allowing to give a speech in this conference.
   이번 학회에 연설을 허락해주셔서 감사드립니다.
2. Let me introduce myself.
   저를 소개하겠습니다.
3. I am from A research center in B.
   저는 B에 있는 A 연구센터에서 왔습니다.
4. I have been working on this field for the last 20 years.
   이 분야에서 20년간 일해 왔습니다.
5. I will serve as a chairman.
   의장을 맡을 것입니다.
6. It is a great pleasure for me to be here.
   이곳에 있는 것이 영광입니다.
7. Let me begin by thanking the committee for this conference.
   이번 회의를 준비한 위원회에 먼저 감사드립니다.
8. I would first of all like to welcome you here.
   먼저 이곳에 오신 분들을 환영하고 싶습니다.
9. This conference will offer a chance to converse and interact with some of the leading minds.
   이번 회의는 앞서가는 사람들 간의 대화와 교류의 기회를 줄 것입니다.
10. It's my pleasure to introduce the first session moderator.
    첫 번째 섹션을 진행할 분을 기쁘게 소개해 드립니다.
11. First session is moderated by A from B.
    첫 번째 섹션 진행은 B에서 오신 A께서 해주시겠습니다.
12. The first theme in this session is entitled A.
    이 섹션의 첫 번째 주제는 A입니다.

작은 회의 같은 비공식적인 장소에서의 소개

1. I am - from A company.
저는 A 회사에서 온 - 입니다.
2. I am in charge of the overseas sales department.
해외 판매 부서를 담당하고 있습니다.
3. I am a research engineer(scientist) in A company.
A회사의 기술 연구원입니다.
4. It's a real pleasure to make a presentation at this conference.
이번 회의에서 발표하게 되어 정말 기쁩니다.
5. Let me start off by introducing our department.
저희 부서를 소개하는 것으로 먼저 시작하겠습니다.
6. I have been working on this project for the last 3 years.
이 프로젝트를 위해 3년간 일해 왔습니다.
7. We have been preparing for this kind of things for many years.
우리는 이러한 일들에 대해 몇 년간 준비해 왔습니다.
8. There are people I'd like to introduce you.
여러분에게 소개해 드릴 분들이 있습니다.
9. Let me introduce the person
who invented this wonderful technology.
이 훌륭한 기술을 개발한 사람을 소개해 드리겠습니다.
10. We will start with A who is from B.
첫 번째 발표자는 B에서 오신 A입니다.
11. You have the floor. Mr. A.
A님 발표해 주십시오.
12. Our next speaker is C from D.
다음 발표자는 C에서 오신 D입니다.

1. Let's begin the meeting (conference).
회의를 시작하겠습니다.

2. I'd like to start by talking about A.
A에 관한 이야기로 시작하겠습니다.

3. The theme of today's presentation is A.
오늘의 발표 주제는 A입니다.

4. My presentation will take about 7 minutes.
제 발표는 7분 정도 소요될 것입니다.

5. Please, feel free to ask questions after finishing my presentation.
제 발표가 끝나면 편하게 질문해 주세요.

6. I'd like to start my presentation by showing you this slide.
이 슬라이드를 보여주면서 발표를 시작하겠습니다.

7. Could someone lower the lights, please?
불 좀 줄여 주실래요?

8. Please turn off or turn down the lights.
불 좀 줄이거나 꺼주세요.

9. Okay. May I have the first slide?
좋습니다. 첫 번째 슬라이드를 보여 줄래요?

10. I think the slide is out of focus.
슬라이드 초점이 빗나갔군요.

11. Could you focus it a little better?
초점을 더 잘 맞춰 줄래요?

12. I'd like to begin by looking at this slide.
이 슬라이드를 보면서 시작하겠습니다.

13. Can we have the lights back on?
조명을 다시 켜 줄래요?

 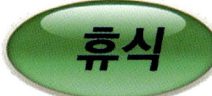 

1. Is this microphone working?
이 마이크가 작동되나요?
2. Can you hear me?
제 소리가 잘 들리나요?
3. Could we get the microphone turned up?
마이크 소리를 좀 키워 주실래요?
4. I am going to make a presentation about A.
A에 관해서 발표를 하겠습니다.
5. I intend to provide you with an overview of our new technique.
새로운 기술에 관한 전반적인 것들을 알려드리겠습니다.
6. I am planning to explain about A issue.
A 이슈에 관하여 설명할 계획입니다.
7. I am sure that we will have an exciting day of discussions.
흥미로운 논의가 있을 회의가 될 것임을 확신합니다.
8. I wish you have an inspiring and productive meeting.
여러분에게 자극이 되고 유익한 회의가 되길 바랍니다.
9. Let me start by saying A
A를 먼저 말하며 시작하겠습니다.
10. Please take a look at the screen.
스크린을 봐주십시오.
11. I'd be glad to take any questions at the end of my presentation.
발표 마지막에 어떤 질문이든 환영합니다.
12. I am pleased to have the opportunity to present my research.
제 연구를 발표하게 되어 기쁘게 생각합니다.
13. What I'd like to talk about today is about A.
제가 오늘 말씀을 드리고 싶은 것은 A입니다.

1. This meeting is comprised of the following topics.
이번 회의는 다음과 같은 의제들로 구성되어 있습니다.
2. Let me briefly explain the conference rules.
먼저 회의 규칙에 대해 간단히 설명하겠습니다.
3. There is a little bit of housekeeping to do before we start our session.
섹션을 시작하기 전 먼저 몇 가지 규칙이 있습니다.
4. We have many speakers and real tight time.
우리는 많은 발표자와 짧은 시간이 있습니다.
5. I want everyone to have an opportunity to express themselves.
나는 모든 사람들이 자신의 발표를 할 수 있기를 바랍니다.
6. We have 5 speakers in this session.
이번 섹션은 발표자가 다섯 명입니다.
7. There is a limit of 6 minutes for each speaker.
각각의 발표자에게는 6 분의 시간이 주어집니다.
7. Please keep to your time limit.
시간제한을 지켜 주십시오.
8. May I interrupt here? Time does not allow you.
여기서 잠깐 끼어들겠습니다. 시간이 없군요.
10. Will you please summarize your presentation briefly?
당신의 발표를 간단하게 요약해 주실래요?
11 The schedule is rather tight.
We are running behind schedule.
스케줄이 다소 빡빡합니다. 스케줄에 뒤쳐져 있습니다.
12. I hope speaker will keep to one's time limit.
발표자들이 시간을 지켜주시기 바랍니다.

1. First speaker I'd like to introduce is A from B.
제가 소개하고 싶은 첫번째 연자는 A에서 오신 B입니다.
2. Will you please come to the rostrum?
연단에 나와 주실래요?
3. Thank you for finishing within the time limit.
제 시간에 발표를 해 주셔서 감사합니다.
4. This is an excellent presentation.
We are all deeply impressed.
훌륭한 발표입니다.
깊은 감명을 받았습니다.
6. We will now proceed to next speaker.
The next theme is entitled A.
다음 발표자로 넘어가겠습니다.
다음 주제의 제목은 A입니다.
7. Can you speed up?
Your time is almost over.
빨리 해 주실래요? 시간이 거의 지났습니다.
8. Please make your presentation brief.
간단하게 발표해 주세요.
9. If speakers go over time, there is no time for question.
만약 연자들께서 시간을 넘기시면 질문할 시간이 없습니다.
10. Thank you for keeping to the allotted time.
할당된 시간을 지켜주셔서 감사합니다.
11. Thank you for your informative presentation.
유익한 발표를 해주셔서 감사합니다.
12. We have 20 minutes for questions before we break.
우리는 끝내기 전 20분 정도 질문 받을 시간이 있습니다.

1. Let me start my presentation.
제 발표를 시작하겠습니다.
2. I am going to make a presentation about my report.
제 보고 사항을 프레젠테이션 하겠습니다.
3. My presentation consists of 2 main parts.
제 발표는 2개의 주요 부분으로 구성되었습니다.
4. I'll give a presentation for about 7 minutes.
약 7분 정도 발표를 하겠습니다.
5. Let me start by giving you an overview of A.
A에 대한 개략적인 것들을 보여주며 시작하겠습니다.
6. I'd like to open up by showing some pictures and graphs.
몇 가지 그림과 그래프를 보여드리며 시작하겠습니다.
7. Can we have the lights dimmed or turned off, please?
조명을 줄여주시거나 꺼 줄래요?
8. This slide is intended to give you an outline of A.
이 슬라이드는 A의 개략적인 것을 보여주기 위함입니다.
9. These figures in this slide demonstrate the process of A.
이 슬라이드의 그림들은 A과정을 보여주고 있습니다.
10. We are at a major turning point in this field.
우리는 이 분야의 중요한 전환점에 와 있습니다.
11. I'd like to explain the essential aspects of this problem.
이 문제의 기본적인 것들을 설명하겠습니다.
12. This table shows the results of a survey.
이 표가 조사의 결과를 보여주고 있습니다.
13. This graph shows the average value of A versus B.
이 그래프가 A와 B의 평균값을 보여주고 있습니다.

14. I'd just like to emphasize this point.
    단지 이점을 강조하고 싶습니다.
15. Let me have the previous slide back again.
    이전 슬라이드를 다시 보여 주시겠습니까?
16. On this slide, we can see the various results.
    이 슬라이드에서 여러가지 결과들을 볼 수 있습니다.
17. Can we go back two slides?
    2번 째 앞 슬라이드로 가 줄래요?
18. That one is in the wrong place. Go to the next one, please.
    그곳이 아닙니다. 다음 것으로 보여주세요.
19. All right. Stay there. That's correct.
    예. 그곳입니다. 맞습니다.
20. There are some pictures that I'd like to show you.
    여러분들에게 보여 줄 그림들이 있습니다.
21. Let's take a look at these graphs and diagrams.
    이 그래프들과 도표들을 봐 주십시오.
22. These pictures show the exact results.
    이 그림들이 결과들을 잘 보여주고 있습니다.
23. Let me show you the results by graphs.
    그래프로 결과들을 설명 하겠습니다.
24. Here we can see the significant results.
    여기에서 중요한 결과를 볼 수 있습니다.
25. Can we have the lights back on?
    조명을 다시 켜 줄래요?
26. Thank you for your attention and listening.
    경청해 주셔서 감사합니다.

1. The main theme (topic) of this conference (meeting) is A.
이번 회의의 주제는 A입니다.
2. The main objective is to discuss about the A.
주된 목적은 A를 토론하는 것입니다.
3. The conference focuses on the important advances in A industry.
회의는 A산업의 진일보된 분야에 중점을 두고 있습니다.
4. The issue to be discussed during the meeting is with regard to A.
논의되는 주된 이슈는 A에 관한 것들입니다.
5. The seminar is intended to spark participant's interest in new technique.
회의는 신기술에 대한 참석자들의 흥미를 일으키는 것이 목적입니다.
6. This seminar will help you to take updating knowledge
이번 세미나가 여러분들이 최신 지식을 갖는데 도움을 줄 것입니다.
7. The conference is expected to enrich and broaden discussions toward new technique about A.
회의가 A의 새로운 기술에 대한 토론을 더 풍부하게 넓혀줄 것으로 기대됩니다.

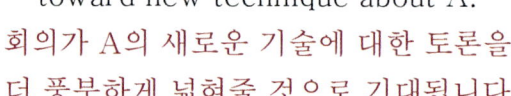

8. You can actually get a chance to meet all the different part leaders.
여러분들은 각 분야에서 앞서 가는 사람들을 만나실 수 있을 겁니다.
9. Many excellent participants will present the advancements and current trends.
많은 훌륭한 참가자들이 최신 경향 및 앞선 지식들을 발표해 주실 것입니다.
10. To deepen understanding and promote discussions, the conference is structured
to encourage lively debate and open exchange of ideas.
이해를 돕고 토론을 활성화시키기 위해 회의는 활발한 토론과 개방된 의견 교환을 하도록 구성되어 있습니다.

11. This conference will give you an opportunity
to explore new techniques.
이번 학회는 여러분들에게 새로운 기술을 경험할 수 있게 해 줄 것입니다.

12. We hope that you will take many useful informations.
실용적인 정보들을 얻길 바랍니다.

13. The first day of the seminar focuses on A.
세미나 첫 날은 A에 중점을 두었습니다.

14. The second day of the seminar includes presentations of B.
세미나 둘째 날은 B에 대한 발표들이 있습니다.

15. The main forum is comprised of 9 sessions
with major topics.
주요 포럼은 중요한 주제를 다룬 9가지 세션으로 이루어져 있습니다.

16. The sessions will be structured around the following key themes.
섹션들은 다음과 같은 주요 주제로 구성이 되었습니다.

17. There will also be small group discussions dealing with
a wide range of other themes,
so you can open up and participate in the debate.
다른 주제들을 위한 소규모의 회의들도 마련되어 있어
여러분들은 토론에 참여할 수 있을 것입니다.

18. We will be open to discussion following each presentation.
각각의 발표 후 토론을 할 것입니다.

19. This seminar will include discussions based on more than
100 presentations that cover the new trend.
이번 세미나는 새로운 경향을 보여 줄 100개 이상의 발표와
토론이 있을 것입니다.

20. I hope that this seminar will make a substantial contribution
to this field.
이 세미나가 이 분야에 근본적인 공헌을 할 것이라 희망합니다.

1. What I'd like to emphasize is A.
제가 강조하고 싶은 것은 A입니다.
2. The most important point here is A.
여기에서 가장 중요한 것은 A입니다.
3. The point we should not miss is A.
우리가 놓치지 말아야 할 부분은 A입니다.
4. The point that I'd like to focus on is A.
제가 중점적으로 생각하는 부분은 A입니다.
5. What I'd like to reiterate is A
제가 반복적으로 말하고 싶은 것은 A입니다.
6. A is a matter of paramount importance.
A가 가장 중요한 문제입니다.
7. The central issue is A.
가장 중심적인 문제는 A입니다.
8. The point that I'd like to emphasize is A.
제가 강조하고 싶은 것은 A입니다.
9. The most important point thing is A.
가장 중요한 것은 A입니다.
10. Above all, I'd like to overemphasize A.
무엇보다도 A를 지나치게 강조하고 싶습니다.
11. I am convinced that we have to focus on A.
A에 집중해야 한다고 확신합니다.
12. What I'd like to stress is that A is very important.
제가 강조하고 싶은 것은 A가 중요하다는 것입니다.

1. I'd like to draw your attention to these things.
이것들에 주목해 주시기 바랍니다.
2. Please pay attention to this items.
이 안건에 주목해 주시기 바랍니다.
3. Let us focus on this problem.
이 문제에 집중해 주세요.
4. Let us concentrate on this result.
이 결과에 집중해 주십시오.
5. Here we can see A.
여기서 A를 볼 수 있습니다.
6. As you can see this result, A is very important.
여기 결과에서 보듯이 A가 중요합니다.
7. Let me show you what we can predict.
예측할 수 있는 것을 보여드리겠습니다.
8. As you see in this graph, we can make a prediction.
이 그래프에서 보듯이 우리는 예측 할 수가 있습니다.

9. The immediate problem is A.
가장 급한 문제는 A입니다.
10. A problem is close at hand.
A 문제가 임박했습니다.
11. We have to get to the core of the matter.
문제의 핵심을 파악해야 합니다.
12. We have to understand the core ability and get through the difficulties.
우리는 핵심 능력을 파악하여 이 난국을 헤쳐 나가야 합니다.

1. I am going to explain about A.
   A에 대해 설명하겠습니다.
2. Let me explain to you about a general outline.
   대략적인 개요를 설명하겠습니다.
3. I've divided my presentation into 3 parts.
   제 프레젠테이션을 3부분으로 나누었습니다.
4. My presentation consists of 3 parts,
   first -, second -, and the last -.
   제 프레젠테이션은 3부분으로 구성되어 있는데
   첫 번째가 -, 두 번째가 -, 마지막으로 - 입니다.
5. I have prepared some pictures and graphs.
   몇 가지 그림들과 그래프를 준비하였습니다.
6. I have some graphs and pictures regarding my results.
   제 결과들에 대한 그림들과 그래프들이 있습니다.
7. Let's take a look at these pictures and graphs.
   이 그림들과 그래프들을 봐 주십시오.
8. Let me show you the results by diagrams.
   도표들로 결과들을 설명 하겠습니다.
9. These diagrams show the exact results.
   이 도표들이 결과들을 잘 보여주고 있습니다.
10. It can be interpreted in various ways.
    이것은 여러 가지로 해석될 수 있습니다.
11. We give priority to the final result.
    마지막 결과에 중점을 두었습니다.
12. These graphs may well explain results.
    이 그래프들이 결과들을 잘 설명해 줄 것입니다.

13. It shows the difference in that area of efficacy.
효율적인 면에서는 차이를 보입니다.

14. I would like to think in another direction.
다른 방향으로 생각해 보고 싶습니다.

15 This conclusion has been drawn with the retrospective study.
이 결론은 이전 케이스의 연구로 끌어 낸 것입니다.

16. There seems to be a confusion about this.
이것에 대해 오해가 있는 것 같습니다.

17. The grounds for our argument are found in the result.
이 주장의 근거는 결과에 나와 있습니다.

18. I may be wrong,
but I dare to say that A may be an effective method.
제가 틀릴지는 모르나 감히 A가 효과 있는 방법이라고 말합니다.

19. I cant' adequately describe it.
적절하게 설명할 수 없군요.

20. I'm afraid you have got it wrong.
당신이 잘못 생각하고 계신 모양입니다.

21. It isn't a matter of importance.
그것은 중요한 문제가 아닙니다.

22. There is something to add to this.
이것에 덧붙일 것이 있습니다.

23. The ultimate outcome is that there is not much difference.
결과는 결국 큰 차이가 없다는 것입니다.

24. The important thing is that A is very useful.
가장 중요한 것은 A가 아주 유용하다는 것입니다.

1. I'd appreciate if you explain briefly.
   간략하게 설명해 주시면 고맙겠습니다.
2. Can you simplify what you said?
   당신의 말을 간략하게 요약해 줄 수 있나요?
3. Would you please paraphrase what you said?
   이해하기 쉽게 말해 주실래요?
4. Please, make it easier and more understandable.
   더 쉽고 이해할 수 있게 말해 주세요.
5. Can you make an explanation more easily?
   쉽게 설명 해 주실래요?
6. Would you please put it more simply?
   간단하게 해 주실래요?
7. Can you go over that again, simply?
   간단하게 요약해 주실래요?
8. Let me sum up by saying that -.
   -으로 요약하겠습니다.
9. Let me conclude by saying that -.
   -을 언급하며 결론을 말하겠습니다.
10. Let me conclude with a few summary comments.
    몇 가지로 요약해서 결론을 말하겠습니다.
11. To make a long story short, -.
    요약해서 말하면, -.
12. In summing up, it is plain that A is beneficial.
    간단히 말해 A가 유용하다는 것은 분명합니다.

1. Time will not permit me to go over all, so I'll be brief.
시간 안에 전부 할 수 있을 것 같지 않아서 간단하게 하겠습니다.

2. I'll leave out this part to spare time.
시간을 아끼기 위해 이 부분은 생략하겠습니다.

3. There are many more details but I want to make this short.
자세한 것들이 많지만 짧게 하겠습니다.

4. I'd like to give a brief on the major outcomes of cases.
증례들의 중요한 결과만 간단하게 말하겠습니다.

5. I'd like to skip the next several slides
and go directly to the results.
다음 몇 개의 슬라이드를 넘기고 바로 결과로 가겠습니다.

6. OK. This slide shows the results.
됐습니다. 이 슬라이드가 결과들을 보여줍니다.

7. As I was saying, what I wish to focus on is A.
제가 말했듯이 강조하고 싶은 것은 A입니다.

8. Let me add a few more words.
몇 마디 덧붙이겠습니다.

9. According to recent research,
the outcomes are generally good.
최근의 연구에 따르면 결과들은 대체로 좋습니다.

10. Let me sum up the important things again.
중요한 것들을 다시 요약하겠습니다.

11. It's indicated from the result that A is useful.
결과에서 볼 때 A는 유용하다고 할 수 있습니다.

12. Lastly, I'd like to briefly summarize the main issues.
마지막으로 주요 문제들을 간단히 요약하겠습니다.

1. Now we will take questions and comments.
그럼 지금부터 질문과 의견을 듣겠습니다.
2. If you have any comments or questions, please raise your hand.
만약 의견이나 질문이 있으시면 손을 들어 주십시오.
3. Yes, I recognize the gentleman halfway back to my left.
예, 제 왼쪽에서 중간쯤 남자 분?
4. Would you please speak into the microphone?
마이크에 대고 말씀해 줄래요?
5. Are there any questions or comments?
다른 질문이나 코멘트 없습니까?
6. Yes, the lady in the front to my right.
예, 제 오른쪽에 앞에 있는 숙녀 분.
7. Please use the microphone and identify yourself.
마이크를 사용해 주시고 자신을 밝혀 주세요.
8. Is there anyone who wants to add to A's remarks?
A의 발표에 첨가할 내용이 있으신 분 있으세요?
9. Yes, the gentleman in the third row to my right.
예, 제 오른쪽 세 번째 줄에 있는 남자 분.
10. Please step up to one of the microphones in the aisle.
중간에 있는 마이크 중 하나 앞으로 나와 주세요.
11. The floor is open for discussion.
질문은 개방되어 있습니다.
12. There are many other opinions that doubt the result.
결과를 의심하는 많은 다른 의견들이 있습니다.
13. If you have any questions, feel free to raise your hand.
만약 코멘트나 질문이 있으시면 주저 없이 손을 들어 주십시오.

1. Let me ask you something.
   물어볼 게 있습니다.
2. I have a couple of related questions.
   몇 가지 관련된 질문이 있습니다.
3. Can I ask you a couple of questions for your presentation?
   당신의 발표에 대해 몇 가지 질문을 해도 될까요?
4. I was wondering whether I might ask you a question.
   제가 질문을 해도 좋을지 모르겠습니다.
5. There is something I have always been curious about.
   항상 궁금한 것이 있었습니다.
6. My question has relation to A problem.
   제 질문은 A 문제와 관계가 있습니다.
7. I have two questions. The first question is about –.
   The second question is about –.
   2가지 질문이 있는데, 첫 번째는 – 이고, 두 번째는 – 입니다.
8. My opinion is a little different. I think it's the opposite.
   제 의견은 조금 다릅니다. 정반대라고 생각합니다.
9. What's the reason that A problem had occurred?
   A 문제가 발생된 이유가 무엇이죠?
10. I was wondering if you could explain it in more details.
    좀 더 자세히 설명해 주시겠습니까?
11. Could you tell us in a more understandable way?
    좀 더 이해하기 쉽게 말해 주실래요?
12. I wonder how you can make a decision.
    당신이 어떻게 결정을 했는지 궁금합니다.
13. How can you explain A problem?
    A 문제를 어떻게 설명하실 것입니까?

세미나에서 상대방에게 동의하지 않을 때 할 수 있는 표현들

1. I am sorry, I can't agree with you on that point.
   죄송하지만 그점에서는 동의할 수 없습니다.
2. From my point of view, I have a different opinion.
   제 견해로는 다른 의견이 있습니다.
3. On the contrary, my opinion is different.
   반대로, 제 의견은 다릅니다.
4. I dont' think so.
   저는 그렇게 생각하지 않습니다.
5. I can't approve of your thought.
   당신의 의견에 찬성하지 못하겠습니다.
6. Personally, I can't agree with your opinion.
   개인적으로 당신의 의견에 동의 못합니다.
7. I see things differently.
   저는 다르게 보고 있습니다.

질문을 잘못 들었을 때 하는 표현들

1. I beg your pardon? I couldn't hear your question.
2. Would you say that again?
3. I'm afraid I can't hear well.
4. Come again?
5. Excuse me. Say again?
6. What was that again?
7. Pardon me?

죄송합니다. 다시 한 번 말씀해 주십시오.

1. I don't know what you are talking about. What's the point?
   무엇을 말하는지 모르겠습니다. 요점이 무엇이죠?
2. I don't understand what exactly you are getting at.
   당신이 무엇을 말하는지 정확히 모르겠습니다.
3. Please try to think out of box.
   생각의 틀에서 벗어나 보세요.
4. Please think it differently.
   다르게 생각해 보세요.
5. Please take it the other way.
   다른 방향으로 생각해 보세요.
6. If there is anything else that you feel should be added, please express your idea.
   추가할 것들이 있으시면 여러분의 생각을 말해주세요.
7. Exchanging ideas will be of great assistance to each other.
   의견 교환은 서로에게 큰 도움이 될 것입니다.
8. Please open your mind and join a discussion.
   마음을 열고 토론에 참여해 주세요.
9. Is there anything else you want to comment?
   코멘트 하실 것이 있으십니까?
10. Before closing, let me ask you something about A.
    끝내기 전 A에 대해 몇 가지 묻겠습니다.
11. In the meeting, some important issues are emerged.
    회의 중 몇 가지 중요한 이슈가 생겼습니다.
12. A is one of the major issues for our company in recent years.
    최근 몇 년간 A는 우리 회사의 중요한 이슈 중 하나입니다.
13. I'd like to hear comments and views from others.
    다른 분들의 코멘트와 견해를 듣고 싶군요.

1. That's a good question.
   좋은 질문이군요.
2. That's such a deep question.
   상당히 어려운 질문이군요.
3. It's a tough question for me.
   저에게 너무 어려운 질문이군요.
4. I get asked that question by many people.
   많은 사람들에게 그 질문을 받았습니다.
5. I don't expect that question.
   그 질문을 예상하지 못했습니다.
6. I'm not sure that I can answer that question.
   그 질문에 대답할 수 있을지 모르겠군요.
8. I will answer what I can.
   제가 아는 대로 대답하겠습니다.
9. I already expect that question.
   이미 그 질문을 예상했습니다.
10. There is no simple answer to this question.
    이 질문에 간단한 답은 없습니다.
11. It's hard to say at this moment.
    지금 말하기 어렵습니다.
12. The answer is much complicated.
    대답이 복잡합니다.
13. I'll need to give it some more thought afterwards.
    나중에 좀 더 생각해 보도록 하겠습니다.

14. I beg your pardon? I couldn't hear exactly your question.
    뭐라고 했죠? 질문을 정확하게 못 들었습니다.
15. I don't know if I understand the question exactly.
    제가 그 질문을 정확히 이해했는지 모르겠군요.
16. Please come to the point.
    요점만 말해주실래요?
17. Would you say that again briefly?
    다시 한 번 간단히 말씀해 주시겠습니까?
18. Ask me anything at all. I don't care.
    어떤 것이든 물어 보세요. 상관없습니다.
19. Feel free to ask if you have any questions.
    궁금한 것이 있으면 편하게 물어보세요.
20. If you get curious about anything, don't hesitate to ask.
    궁금한 것이 있으면 주저하지 말고 물어보세요.
21. I'm afraid I don't see your point.
    당신이 말씀하시는 의미를 잘 이해하지 못하겠군요.
22. I'm afraid it's out of point.
    요점에서 벗어난 것 같군요.
23. I don't think so that way.
    저는 그렇게 생각하지 않습니다.
24. Well, I hope you're satisfied my answer.
    글쎄요, 제 대답에 만족하시길 기대합니다.
25. I'd appreciate if you point out my mistake.
    제 실수가 있으면 지적을 해주십시오.
26. I would humbly accept your criticism and correction.
    여러분의 비판과 지적을 겸허하게 받아드리겠습니다.

117

1. I'd greatly appreciate it if you give us some advice.
저희들에게 조언을 해 주시면 정말 고맙겠습니다.
2. It's a long time till we make a decision.
결정할 때까지 시간이 많습니다.
3. Don't be in a hurry. We have a lot of discussion time.
서두르지 마세요. 논의할 시간이 많습니다.
4. I will give the chance of question and answer for many people.
많은 사람들에게 질문과 답변의 기회를 드리겠습니다.
5. Is there anyone who wants to start a discussion?
논의를 처음 시작하실 분 있으세요?
6. Feel free to talk about anything about this problem.
이 문제에 대해 편하게 아무거나 이야기 해주세요.
7. Please don't hesitate to express your opinions.
의견을 말하는데 주저하지 마십시오.
8. Maybe, we don't seem to have much idea about this.
아마도 이것에 대한 아이디어가 많지 않은 것 같습니다.
9. If there aren't any comments, I'd like to make a first comment.
만약 말씀하실 것이 없으시면 제가 먼저 하나 말하겠습니다.
10. My comment concerns A Problem.
제 말은 A문제에 관한 것입니다.
11. Many people may not understand A problem.
많은 사람들이 A 문제를 잘못 이해하고 있는 것 같습니다.
12. I am curious about one thing about A.
A에 대해 한 가지 궁금한 점이 있습니다.

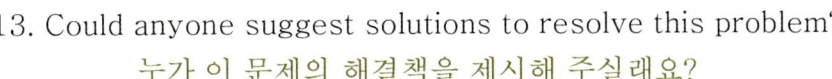

13. Could anyone suggest solutions to resolve this problem?
   누가 이 문제의 해결책을 제시해 주실래요?
14. Mr. A. Would you care to elaborate on this problem?
   A씨. 이 문제를 좀 더 자세히 이야기 해 주시겠습니까?
15. Does anyone have any further advice for us?
   We are honestly willing to try anything now.
다른 추가 조언 없을까요? 사실 어떤 것이라도 지금 시도할 것입니다.
16. It will need a lot of attention and
   change of attitudes to solve this current issue.
   지금 이 문제를 풀기 위해서는 집중과 자세의 변화가 필요합니다.
17. I hope these discussions will help us make the best decision.
   이번 토의들이 가장 좋은 결정을 내리게 도와주길 희망합니다.
18. What will be the expected problems?
   예상되는 문제는 무엇이죠?
19. It's worth considering the numerous factors.
   여러 가지의 요인들을 고려해야 합니다.
20. What's important in this discussion is A.
   이 토론에서 가장 중요한 것은 A입니다.
21. Does anyone have something to talk about this matter?
   누가 이 문제에 대해 이야기 하실 분 계신가요?
22. Let's wait and see how it turns out.
   결과가 나올 때 까지 일단 기다려봅시다.
23. Shall we deal with this issue later?
   이 안건은 다음에 다룰까요?
24. Shall we move on to the next issue?
   다음 안건으로 넘어갈까요?

1. You've got a very good point there.
아주 좋은 의견이군요.
2. I'd go along with you on that.
당신의 의견과 같습니다.
3. My thoughts are similar to what you describe.
제 생각은 당신이 말한 것과 같습니다.
4. I'll take that as a advice, rather than a question.
질문이라기보다는 도움말 주신 걸로 생각하겠습니다.
5. I'd like to say that your additional comment satisfied me.
당신의 추가 설명에 정말 만족합니다.
6. Thank you for pointing that out. Next question please?
지적을 해 주셔서 감사합니다. 다음 질문을 받겠습니다.
7. By and large I would accept your views.
대체로 당신의 의견을 이해합니다.
8. I can get the point of what you are saying.
당신이 말한 요점을 알겠습니다.
9. I agree with what you're saying.
당신이 말한 것에 동의합니다.
10. My opinion is very close to yours,
so I'd like to accept your opinion.
제 의견은 당신과 비슷하므로 당신의 의견을 받아드리고 싶습니다.
11. There is no doubt about it.
의문의 여지가 없습니다.
12. I have no opinion of my own about that.
그것에 대한 별다른 견해는 없습니다.
13. You are right about that.
그 점은 당신이 맞습니다.

14. Even though we have different opinions,
I would accept your views.
비록 의견이 서로 틀리지만 당신의 의견을 받아들입니다.

15. It's highly objective point of view.
아주 객관적인 견해이군요.

16. Thank you for your helpful and informative comment.
도움이 되고 유익한 말씀을 해주셔서 감사합니다.

17. I agree with your idea.
저는 당신의 생각에 동의합니다.

18. I understand what you mean.
당신의 말을 이해하겠습니다.

19. I can catch your meaning. Let's talk later.
당신의 뜻을 알겠습니다. 다음에 이야기 하도록 하죠.

20. Would you let me think about it for a while?
조금 생각할 시간을 주실래요?

21. I'd be happy to talk about it afterwards.
다음에 이야기하면 좋겠습니다.

22 Let me think about that for a moment.
잠깐 생각할 시간을 주십시오.

23. I'd like to talk about it personally afterwards.
나중에 개인적으로 이야기 하고 싶군요.

24. This can be a stale information, but it's quite useful.
진부한 정보 같지만 꽤 유용합니다.

25. As concerns A, it's outside my area of expertise.
A에 대해서는, 제 전공 분야 밖입니다.

26. I'd like to ask your advice about this issue.
이 문제에 대해 여러분들의 조언을 구하고 싶습니다.

세미나와 같은 공식적인 장소에서의 주재

1. I was elected chairman and I'll preside over the meeting.
의장으로 선출 되었습니다. 회의를 주재하겠습니다.

2. I am a chairman. I'll conduct a meeting.
제가 의장입니다. 제가 회의를 진행하겠습니다.

3. I am in charge of this conference.
Please help me to run an effective meeting.
제가 회의를 맡았습니다. 효율적인 회의가 되도록 도와주십시오.

4. I'd like to thank you for the efforts of the committee and staff to organize this seminar.
이번 세미나를 기획한 위원회와 스텝 여러분에게 감사드립니다.

5. I am convinced that this seminar will offer the possibility of having a fruitful discussion.
이번 세미나가 유익한 토론의 장을 제공할거라 믿습니다.

6. Shall we begin (start)?
시작해 볼까요?

7. First speaker in this session is A.
이번 섹션의 첫 번째 발표자는 A입니다.

8. His presentation in this session is entitled B.
이 섹션의 그의 발표 제목은 B입니다.

9. Please, identify yourself again before you talk about.
말씀하기 전 자신의 소속에 대해서 다시 말씀해 주세요.

10. Mr. A. Would you start?
A님. 발표해 주십시오.

11. Our next speaker is C from D. You have the floor.
다음 발표자는 D에서 오신 C입니다. 발표해 주십시오.

12. Thank you for your informative presentation.
좋은 자료를 발표해 주셔서 감사합니다.

작은 회의 같은 비공식적인 장소에서의 주재

1. I will chair the meeting.
제가 회의를 주재할 것입니다.
2. I am received request to preside over the meeting.
회의를 주재해 주길 의뢰 받았습니다.
3. We have to make a minute of the meeting.
회의록을 작성해야 합니다.
4. Shall we discuss over a cup of coffee?
커피를 마시며 회의를 할까요?
5. Does anyone have an opinion about today's items?
오늘 안건들에 대해 의견이 있으신 분 있나요?
6. Will you please summarize your opinion briefly.
당신의 의견을 간단하게 요약해 주실래요?
7. Shall we take turns speaking?
돌아가면서 얘기해 볼까요?
8. I'd like to give you a chance for 5 minutes comment of your idea. Express yourself freely.
여러분에게 의견을 말할 기회를 5분 동안 드리겠습니다.
자유롭게 자신의 생각을 말하세요.
9. May I interrupt here? Could you make your point exactly?
잠깐 끼어들겠습니다. 당신의 요점을 분명히 말해 주시겠습니까?
10. Time does not allow you. Just tell us your point.
시간이 없군요. 요점을 말해 주세요.
11. We have to draw a conclusion today.
오늘 결론을 이끌어내야 합니다.
12. We will discuss in more details in the next meeting.
다음 회의에서 좀 더 자세히 논의하겠습니다.

세미나와 같은 공식적인 장소에서의 안건

1. We have a lot of items on the agenda to talk about.
   토론해야 의제의 안건들이 많이 있습니다.
2. We have to hash out the details of the items and make a decision.
   안건들의 세부항목들을 상의하여 결정을 내려야 합니다.
3. We have the urgent agenda to discuss and decide on today.
   오늘 논의하고 결정해야할 긴급한 안건이 있습니다.
4. We are a little bit in a hurry. Don't waste time in idle talk.
   다소 급한 상황입니다. 쓸데없는 이야기로 시간낭비 맙시다.
5. Does anyone have an opinion about this items?
   이 안건에 대해 의견이 있으신 분 있나요?
6. The meeting is open for discussion.
   회의에서 논의는 개방되어 있습니다.
7. It's necessary for all of us to discuss together.
   우리 모두 함께 토론할 필요가 있습니다.
8. All of your suggestions and questions are very important and valuable.
   여러분 모두의 질문과 제안은 중요하고 가치가 있습니다.
9. Your views will contribute to decide on these items.
   여러분의 견해들이 안건들을 결정하는데 기여할 것입니다.
10. Although different persons have different opinions,
    we have to make a right decision immediately.
    비록 서로가 다른 의견을 갖고 있지만, 우리는 빨리 옳은 결정을 내려야 합니다.
11. Many people may not understand A problem.
    많은 사람들이 A 문제에 대해 이해를 잘 못하시는 것 같습니다.
12. Is there anyone who has a different opinion?
    다른 의견을 가지신 분 있으십니까?

작은 회의 같은 비공식적인 장소에서의 안건

1. We have several items to discuss.
   토론할 안건들이 몇 개 있습니다.
2. We have a few things to decide on.
   결정해야 할 몇 가지가 있습니다.
3. We have to decide on these matters today.
   이 문제들을 오늘 결정해야 합니다.
4. We will have 50 minutes discussion.
   50 분간 토론을 하겠습니다.
5. Please attend in discussion and exchange of your views.
   토론에 참여하여 의견교환을 해 주시길 바랍니다.
6. We shall now proceed to the discussion.
   이제부터 토론을 진행하겠습니다.
7. Let's start with first item.
   첫 번째 안건을 시작하겠습니다.
8. There may be disputes over this item.
   이 안건에 대한 논쟁들이 있을 것 같습니다.
9. Please exchange your frank opinions.
   솔직한 의견들을 교환해 주세요.
10. I would like to call on Mr. A.
    A씨가 말씀해 주시길 바랍니다.
11. What's your view on this matter?
    이 문제에 대한 의견은 어떻습니까?
12. Just tell us what you are thinking.
    생각하고 있는 것을 말씀해 주십시오.

1. There may be many different opinions. Don't hesitate. Speak out.
   많은 다른 의견들이 있을 것입니다. 주저말고 말하세요.
2. Tell us freely what you think about this matter.
   이 문제에 대한 생각을 자유롭게 말해 주십시오.
3. I want to hear your view on this matter
   이 문제에 대하 견해를 듣고 싶습니다.
4. Have you anything to say about it?
   다른 의견이 있으십니까?
5. How do you think when you were in my shoes?
   제 입장이라면 어떻게 생각하십니까?
6. Is there anyone who has different opinion?
   다른 의견이신 분 있으십니까?
7. We have 2 hours of time for discussion.
   토론할 시간이 2시간 있습니다.
8. Mr. A. Would you tell us your thought?
   A씨 당신의 생각을 말해 주실래요?
9. I am confident that A is the key to solve the problem.
   A가 문제를 푸는데 중요하다고 생각합니다.
10. Your opinion seems very reasonable.
    당신의 의견은 꽤 합리적인 것 같습니다.
11. Thanks for bringing that to my attention.
    그것에 대해 일깨워 주어 감사합니다.
12. There is still some controversy over it.
    아직은 논란의 여지가 있습니다.
13. Such claims remain highly controversial.
    그와 같은 주장들은 논란의 여지가 높습니다.

14. It needs more time to consider carefully.
좀 더 조심스럽게 생각할 시간이 필요할 것 같습니다.
15. It's no exaggeration to say that.
그렇게 말하는 것은 과장이 아닙니다.
16 Why would you think that?
왜 그렇게 생각하나요?
17. I don't know how to tell it to you.
어떻게 말씀 드려야 할지 모르겠군요.
18. In short, there is no single answer to that.
간단히 말해 그것에 대한 대답은 하나가 아닙니다.
19. We have already touched briefly on this topic at our last meeting.
지난번 회의에서 이 문제를 간단하게 다루었습니다.
20. It's necessary to look ahead several years.
몇 년 앞을 내다 볼 필요가 있습니다.
21. We have to come up with a new idea and method.
우리는 새로운 아이디어와 방법들을 생각해내야 합니다.
22. That is a satisfactory opinion. Any more ideas?
만족할 만한 의견이군요. 다른 의견은 없나요?
23. Why are you so negative? That's a matter of opinion.
왜 그렇게 부정적이죠? 그것은 단지 견해의 차이입니다.
24. Thank you for all your useful suggestions and comments.
여러분 모두의 훌륭한 제안들과 의견들에 감사드립니다.
25. Let's discuss this point on another occasion.
이 문제는 다른 기회에 논의해 보죠.
26. We will resume after 10 minutes break.
10분 쉬었다가 다시 시작하겠습니다.

1. Is there anything else you'd like to suggest?
   제안 하실 것이 있으십니까?
2. Let me suggest you something about this.
   이것에 대해 제안하겠습니다.
3. Would you like to share us with your thought?
   여러분의 생각들을 말씀해 주실래요?
4. I have a suggestion about A.
   A에 관한 제안이 있습니다.
5. A is one of the major issues recently.
   최근 A는 중요한 이슈 중 하나입니다.
6. I'd like to suggest the following.
   다음과 같은 것들을 제안하고 싶습니다.
7. Before we consider A, we should look carefully at B.
   A를 고려하기 전에 B를 살펴보아야 합니다.
8. Please, think about it, and then let me know.
   생각해 보시고 알려 주십시오.
9. Let me have time to think about your suggestion.
   당신의 제안을 생각해 볼 시간을 주십시오.
10. Let me tell you what I think about your proposal.
    당신의 제안을 어떻게 생각하는지 말해 주겠습니다.
11. I'd like to hear suggestions from others.
    다른 분들의 제안을 듣고 싶습니다.
12. What does everyone think regarding this?
    모두들 여기에 대해 어떻게 생각하십니까?

  결론

13. Does anyone have any new suggestions?
다른 새로운 제안을 하실 분 있으십니까?
14. Anytime you have a suggestion, please feel free to tell us.
제안이 있으면 편하게 말해주십시오.
15. Here are a few suggestions.
여기 몇 가지 제안들이 있습니다.
16. It's highly probable that we can make it. It's worth a try.
우리가 해 낼 가능성이 높습니다. 시도해 볼만 합니다.
17. If there is a possibility to make it, we have to go for it.
성공할 가능성이 있으면 해야만 합니다.
18. I hope you will consider my suggestion.
저의 제안을 고려해 주시기를 바랍니다.
19. We have to consider the process and the problem of finance.
우리는 그 과정과 자금 문제를 고려해야 합니다.
20. How about we make it some other time?
다음으로 미루는 것이 어떻겠습니까?
21. I'd like to turn the conversation to other matters.
이야기를 다른 곳으로 돌리고 싶습니다.
22. We'd like to consider the matters at a later date.
그 문제는 나중에 고려하고 싶습니다.
23. I appreciate the suggestion and we will consider it.
제안해 주셔서 감사드리며, 고려해 보겠습니다.
24. We will consider that matter through further discussions.
우리는 더 논의를 거친 후 그 문제를 고려하겠습니다.

1. We have to look over the whole things and make a decision.
우리는 전체를 검토해 보고 결정을 해야 합니다.
2. How do you think about this matter?
이 문제를 어떻게 생각하십니까?
3. What do you make of it?
이 점에 대해 어떻게 생각하십니까?
4. I support your decision.
저는 당신의 결정을 지지합니다.
5. I can partly agree to that.
부분적으로는 동의합니다.
6. Actually, I am not against it. It's sensible.
사실은 반대하지 않습니다. 합리적이네요.
7. I am against your opinion. It's not very sensible.
당신의 의견에 반대합니다. 아주 합리적이지 않습니다.
8. I will agree if it's sensible.
합리적이면 동의하겠습니다.
9. Does anyone object to this proposal?
이 제안에 반대하는 분 있으신가요?
10. I'm afraid that seems to be a bit of an exaggeration.
하지만 그것이 좀 과장 된 것 같군요.
11. I see it another way.
저는 그것을 다른 방향으로 보고 있습니다.
12. My idea is different than yours.
제 생각이 당신의 생각과 다르군요.
13. Can I tell you what I think?
제 생각을 말해도 될까요?

14. Of course, there is something in what you say.
    물론 당신의 말씀은 타당합니다.
15. Your explanation is sufficiently convincing.
    당신의 설명은 충분히 납득이 갑니다.
16. I agree with you some part of what you said.
    당신이 말한 일부는 동의합니다.
17. It may be a good idea, but we need a different approach.
    좋은 생각인 것 같습니다만 다른 접근법이 필요합니다.
18. Let me think about it for a moment.
    그것에 대해 잠시 생각해 보겠습니다.
19. I must have misunderstood.
    제가 오해를 했던 모양입니다.
20. Your opinion actually sounds like a good idea.
    당신의 의견이 아주 좋은 아이디어인 것 같습니다.
21. Your idea is well worth considering.
    당신의 생각은 고려해볼 가치가 있습니다.
22. Your remark sounds like a brilliant idea.
    당신의 말이 아주 훌륭한 생각 같습니다.
23. We have to take into account the other factors.
    다른 요인들을 고려해야합니다.
24. It's well worth considering different views.
    다른 견해들을 고려해볼만 합니다.
25. Would you please take it the other way?
    죄송하지만 다르게 생각해 보실래요?
26. I have a different way of thinking.
    저는 다른 방향으로 생각합니다.

131

1. There are several important announcements for everyone.
중요한 공지 사항이 몇 가지가 있습니다.
2. There are a couple of notices at this meeting.
이번 회의에서 두 가지 공지 사항이 있습니다.
3. Would you please pay close attention to this following announcement?
다음 공지 사항을 주목해 주십시오.
4. Please refrain from coming in and going out frequently during the meeting.
회의 시간에 잦은 출입을 삼가해 주시기 바랍니다.
5. Please remain seated throughout the meeting.
회의 중에는 자리를 지켜 주십시오.
6. After the presentation, speakers and participants can converse freely.
발표가 끝나고 연자들과 참석자들은 자유롭게 토론할 수 있습니다.
7. This notice is to inform you about the next meeting.
이 공고는 다음 회의에 관한 것입니다.
8. The next meeting will be comprised of the following themes.
다음 회의는 다음과 같은 주제로 구성이 될 것입니다.
9. We have to fix the date and place of next meeting today.
오늘 우리는 다음 회의의 장소와 날짜를 잡아야 합니다.
10. When shall we schedule our next meeting?
다음 모임은 언제로 잡을까요?
11. The next meeting will be held on Monday.
다음 모임은 월요일이 될 것입니다.
12. Have you set the date for the meeting?
모임 날짜를 정했습니까?
13. We set the date for 7 July.
7월 7일로 날짜를 정했습니다.

14. We will meet next week to discuss remaining differences.
다음 주에 남아 있는 의견 차를 해결하기 위해 모임을 가질 것입니다.

15. A will host the next conference.
A에서 다음 회의를 주관할 것입니다.

16. As we end this meeting, we have to look ahead and plan the next meeting.
이번 회의가 끝나며 다음 모임을 내다보고 계획해야 합니다.

17. We are going to set the meeting date for July 7.
우리는 7월 7일로 모임을 정할 예정입니다.

18. The next meeting will take place in A.
다음 모임은 A에서 열릴 것입니다.

19. I am pleased to announce that the next meeting will be held in A.
다음 회의가 A에서 열리게 됨을 기쁜 마음으로 알려드립니다.

20. The agenda will be A at the next meeting.
다음 모임의 의제는 A가 될 것입니다.

21. It will be a wonderful opportunity for us to exchange ideas and learn from each other.
서로의 의견을 교환하고 배우는 좋은 기회가 될 것입니다.

22. I look forward to meeting you again in the next conference and hopefully to expand our experiences.
다음 회의에 다시 만나서 우리들의 경험들을 나누었으면 합니다.

23. I hope it will inspire you to share experiences with others.
다른 사람들과 경험을 나눌 수 있게 고취시키길 희망합니다.

24. I'd be grateful if you all take part in the next meeting.
다음 모임에 여러분 모두 참석해 주시면 고맙겠습니다.

25. I am looking forward to meeting with you all again.
여러분 모두와 다시 만나길 기대합니다.

26. Finally, don't forget anything when you leave the meeting.
마지막으로 회의를 떠나실 때 잊으신 물건이 없도록 주의하십시오.

1. Thank you for keeping to the allotted time and your excellent presentation.
할당된 시간을 지켜주시고, 훌륭한 발표에 감사드립니다.
2. Thank you for listening and your kind attention.
경청해 주셔서 감사합니다.
3. Thank you for your attention and interest.
관심과 집중에 감사드립니다.
4. It's time to take a break.
휴식 시간입니다.
5. The fact that we are on time is a result of your hearty cooperation.
제 시간에 맞춘 것은 모두 여러분의 진심 어린 협조 덕분입니다.
6. I'd like to wrap up the session for coffee break.
커피 휴식시간을 위해 이 섹션을 마치겠습니다.
7. We will resume next session after 20 minutes.
20분 뒤에 다음 섹션을 시작하겠습니다.
8. I'd like to ask you all to be back in your seats before the next session starts.
다음 섹션이 시작하기 전에 착석해 주시길 요청합니다.
9. Lunch will be prepared at this place.
점심은 이곳에서 준비가 될 것입니다.
10. We will provide lunches at the next room.
점심은 옆방에서 제공될 것입니다.
11. We have one hour's lunch break.
점심시간은 한 시간입니다.
12. We are getting ready to start again.
다시 시작할 시간이 되었습니다.
13. Will you please be quiet.
조용히 해 주십시오.

14. The next session will start in a few minutes.
다음 섹션이 곧 시작됩니다.
15. Would you please stop talking and concentrate your attention?
잡담을 그만하시고 집중해 주십시오.
16. Please take your seat.
의자에 착석해 주십시오.
17. All participants are requested to be seated, please.
참석자분들은 모두 자리에 앉아 주십시오.
18. There are some seats available here in front.
여기 앞에 좌석이 있습니다.
19. I'd like to suggest that those of you who standing in the rear kindly come forward and be seated.
뒤에 서 계시는 분들은 앞으로 와서 앉으시길 권합니다.
20. I'd like to start the next session.
다음 섹션을 시작하겠습니다.
21. It's a little boring. Let's take a break.
조금 지루하네요. 잠시 쉬도록 하죠.
22. Let's make a pause and stretch your arms. Stretch your neck and roll your head.
잠시 멈추고 기지개를 켜세요. 목 스트레칭을 하고 머리를 돌려보세요.
23. You show signs of fatigue. Look out of the window. It's beautiful sunny day.
피곤한 기색을 보이시는군요. 밖을 보세요. 날씨가 화창하고 좋네요.
24. Let's take a biobreak.
화장실 가는 시간을 갖도록 하죠.
25. Lets' have a coffee break.
커피 타임을 갖도록 하시죠.
26. This room feels very stuffy. Open the windows to let fresh air in.
방안이 답답하네요. 환기가 되도록 창문을 열도록 하죠.

주목해 주실래요?

1. Can I have your attention, please?
2. May I get your attention?
3. Would you try to focus on me?
4. Please pay attention to what I am saying.
5. Please focus on what I am saying.
6. I need your attention for a moment.
7. Please listen to me.

조용히 해주실래요?

1. Please be quiet.
2. Could you stop talking for a minute?
3. Please, don't speak.
4. Please, keep your voice down.
5. Would you please keep your voice down?
6. Would you please drop your voice?
7. May I ask you to lower your voice down?

제가 말한 것이 이해가 되십니까?

1. Do you understand what I am talking about?
2. Do you comprehend what I am saying?
3. Did you catch everything I said?
4. I am curious whether you understand it or not?
5. Do you make out what I said?
6. Can you figure out what I am saying?
7. Do you understand that much?

저는 당신의 의견과 같습니다.

1. I agree with you(your opinion).
2. Your opinion is similar to mine.
3. We are on the same page. Common ground.
4. I subscribe to your opinion.
5. Your opinion coincides with mine.
6. We are of one mind on this issue.
7. Your opinion doesn't differ much from mine.

저는 당신의 의견과 틀립니다.

1. I don't think so.
2. Actually I don't agree with you.
3. I'm afraid I disagree with you.
4. I don't subscribe to your opinion.
5. My opinions don't coincide with yours.
6. Your view doesn't coincide with mine.
7. We don't coincide in opinion.

다음에 이 문제를 논의해 봅시다.

1. Let's discuss this issue at another time.
2. We shall discuss this problem next time.
3. How about discussing this topic later?
4. Let's talk about this issue at another time.
5. I'd like to suggest you to discuss it afterward.
6. I'd like to put off this issue till another time.
7. We will have to postpone this issue until next meeting.

1. How did my presentation go?
제 프레젠테이션이 어떻던가요?
2. Can you make sense of my explanation?
제 설명이 이해가 되던가요?
3. You gave a good presentation.
프레젠테이션이 좋았습니다.
4. Do you figure out the point?
요점을 알겠습니까?
5. I see your point.
당신의 요점을 알겠습니다.

6. I want you to know that the project you showed was very interesting.
당신이 보여준 프로젝트가 매우 흥미롭다고 말하고 싶군요.
7. You are absolutely right. I share your opinion.
당신이 정말 옳습니다. 저는 당신의 의견과 같습니다.
8. That comes as a surprise.
놀랍더군요.
9. I am grateful for your compliment.
칭찬 감사합니다.
10. I thought I didn't make a good presentation.
제 발표가 별로였다고 생각했습니다.
11. Everyone that I've met seems so helpful.
만난 모든 사람들이 도움이 되는 것 같습니다.
12. Thank you for all your kindness. It's been a great help.
친절에 감사드립니다. 큰 도움이 되었습니다.
13. I'm very grateful for everything you have done for me.
저에게 베풀어 주신 모든 것에 감사드립니다.

1. How is today?
오늘 어떻습니까?
2. I hope you are having a great time.
좋은 시간이기를 바랍니다.
3. It's time well spent. I am having a great time today.
유익한 시간입니다. 좋은 시간 보내고 있습니다.
4. How long have you been working there?
그곳에서 일한지 얼마나 되셨습니까?
5. Where do you live?
어디에 사십니까?
6. How long is your commute?
통근 시간이 얼마나 걸리죠?
7. My commute time is about one hour.
통근 시간이 한 시간 정도 됩니다.
8. I go to work by subway.
지하철로 출근합니다.
9. What are your working hours?
근무시간이 어떻게 된가요?
10. I work 8 hours from 9 to 6, five days workweek.
주 5일제, 9시부터 6시까지 8시간 일합니다.
11. What are you going to do tonight?
오늘 밤 무엇을 하세요?
12. Nothing special.
특별한 일 없습니다.
13. Let's go grab a couple of beers after meeting.
회의 끝나고 맥주나 몇 잔 하시러 가죠.

1. I'd like to make the acquaintance with you.
당신과 알고 지내고 싶군요.
2. May I make your acquaintance?
당신과 알고 지내도 되나요?
3. What's on your schedule after meeting?
회의 후에 무슨 일정 있으시나요?
4. Let's do lunch sometime. My treat.
언제 점심이나 하죠. 제가 낼게요.
5. What's going on this evening?
저녁에 무슨 일정이 있나요?
6. I have a few favorite restaurants near the company.
회사 근처에 자주 가는 식당들이 있습니다.
7. If you don't have anything special,
how about having dinner with me?
특별한 일이 없으면 저와 저녁이나 하실까요?
8. Let's hang out sometime.
언제 한 번 같이 놀죠.
9. Let's hang out soon.
조만간 한 번 보죠.

10. Do you enjoy drinking beer?
맥주 마시는 것을 좋아하나요?
11. I am a moderate drinker.
술을 적당히 마십니다.
12. How about a drink? Do you have a favorite hang out?
술 한 잔 어때요? 자주 가는 곳이 있나요?
13. I appreciate all your care.
당신의 후의에 감사드립니다.

1. It's been a good time over here.
이곳에서 좋은 시간을 보냈습니다.
2. Everyone here seems very friendly.
모두가 매우 친절한 것 같습니다.
3. I hope we can be friends.
친구가 되길 원합니다.
4. I'd like to keep in touch with you. Can I get your number?
연락하고 지내고 싶군요. 전화번호 좀 주실래요?
5. Let me give you my number.
제 전화번호를 드릴게요.
6. Would you tell me a little about yourself?
당신에 대해 좀 말해 주실래요?
7. I feel like you seem to have a good character.
당신의 성격이 좋은 것 같아요.
8. I am not much of a talker.
저는 말주변이 별로 없습니다.
9. It was so great talking to you.
당신과 대화를 나누어서 매우 즐거웠습니다.
10. Would it be possible to see you later?
다음에 당신과 다시 만날 수 있을까요?
11. I'll never forget your kindness.
당신의 친절을 결코 잊지 않겠습니다.
12. I'll return your kindness one day.
언젠가 보답하겠습니다.
13. I've had a very memorable experience.
아주 추억이 될 만한 경험을 했습니다.

1. Let's get down to the main subject.
주요 의제로 들어가겠습니다.
2. Shall we get down to the issue that really matter?
정말 문제가 되는 안건으로 들어갈까요?
3. We have to stop beating about the bush. Let's cut to the chase.
빙빙 도는 것을 그만두고 본론으로 들어가겠습니다.
4. We have no time. Shall we cut to the chase?
And let's get this straight.
시간이 없습니다. 본론으로 들어갈까요? 그리고 이것을 분명히 합시다.
5. We have to stop this kind of debate and let's get straight to the point.
이런 논쟁을 그만두고 요점으로 들어갑시다.
6. There is no tim to waste. Let's stop vain discussion.
시간을 낭비하지 말고 탁상공론을 그만둡시다.
7. Time will run out before we make a decision.
Let's get down to the point.
우리가 결정하기도 전에 시간이 다 될 것입니다. 요점으로 들어갑시다.
8. We have to move to the nitty-gritty.
우리는 핵심사항으로 넘어가야 합니다.
9. We really should get down to the nitty-gritty issues.
우리는 정말 핵심 문제로 넘어가야 합니다.
10. We have to focus on what we want to discuss.
우리가 정말 논의하고 싶은 것에 초점을 두어야 합니다.
11. What is clear is that we are in a hurry.
명확한 것은 지금이 우리가 급하다는 것입니다.
12. Stop wasting time. Let's talk turkey.
시간 낭비 말고 진지하게 말합시다.
13. Let's skip the unimportant issues and proceed to the main subject.
중요하지 않는 문제는 생략하고 본론으로 들어갑시다.

1. We've been discussed for long. We have to produce the result.
   오랫동안 이야기 했는데 이제 결과를 이끌어내야 합니다.
2. I'll get right down to the main issue.
   바로 본론으로 들어가겠습니다.
3. I'd like to focus on A.
   A에 중점을 두고 싶습니다.
4. It's difficult to make a prediction of the outcome.
   결과를 예측하기가 어렵습니다.
5. Nobody can predict the result.
   아무도 결과를 예측할 수 없습니다.
6. Don't jump into the conclusions.
   너무 속단하지 마십시오.
7. I can see your point of view, but I think that further analysis and study should be carried out.
   당신의 견해는 이해합니다만 제 생각으로는 좀 더 분석하고 연구하는 것이 필요할 것 같습니다.
8. Would you care to comment on this point by rotation?
   차례로 이 문제에 대해 언급해 주시겠습니까?
9. Would you please give your honest opinion about solutions?
   해결에 대한 진정한 의견을 말해주십시오.
10. What do you think about such criticisms and how will you persuade them of your goals?
    이와 같은 비평을 어떻게 생각하고 목표에 대해 어떻게 이해시키겠습니까?
11. Before I close, I'd like to mention something else.
    끝내기 전 하고 싶은 말이 있습니다.
12. I based my opinion on personal experience of long years.
    제 견해는 오랫동안의 경험에서 나온 것입니다.
13. Let's draw some conclusions based on what we've discussed.
    토론에 기초하여 몇 가지 결론을 냅시다.

1. Shall we review this and add something here as needed?
검토해보고 필요하면 여기에 무언가를 추가해 볼까요?
2. How about we try to review this item?
이 안건을 다시 검토하는 것이 어떻습니까?
3. Let's discuss them and review all over again.
다시 전부 논의하고 검토해 봅시다.
4. There are a few things to review and consider.
검토하고 고려해야 할 사항들이 몇 가지 있습니다.
5. We need a total review of A.
A에 대한 전체적인 검토가 필요합니다.
6. The expansive review is needed about A.
A에 관한 광범위한 검토가 필요합니다.
7. We need a full review in more detail.
우리는 좀 더 자세히 전부 검토할 필요가 있습니다.
8. Further review and examination is required.
좀 더 검토하고 검사할 필요가 있습니다.
9. This idea needs more evaluation and some careful consideration.
이 아이디어는 좀 더 평가되고 신중히 고려할 필요가 있습니다.
10. There are important details behind this issue.
이 이슈에는 중요한 세부사항이 있습니다.
11. There are some new changes about the project.
프로젝트에서 새로운 변경 사항이 있습니다.
12. There are additional requirements
to manage the process of the project.
프로젝트를 진행하는데 추가적인 요구사항들이 있습니다.
13. We have to consider and review all variables.
우리는 모든 변수를 고려하고 검토해야 합니다.

14. I'd like to review on some of what we have been saying.
지금까지 이야기했던 것 중 일부에 대해 검토하고 싶습니다.
15. Although this project is excellent,
I venture to raise an objection to it.
비록 이 계획이 훌륭하지만 저는 감히 이의를 제기합니다.
16. May I ask you to give us your opinion about A?
당신에게 A에 관한 의견을 듣고 싶습니다.
17. I'd like to make a few remarks concerning this project.
이 계획과 관련하여 몇 가지 말을 하고 싶습니다.
18. Looking at the thing from the economic point of view,
the cost is a most important factor.
경제적 관점에서 보면 비용이 가장 중요한 요소입니다.
19. I'd like to reserve judgment on that.
그것에 대한 판단을 보류하고 싶습니다.
201. How do you assess the possibility of this project?
이 계획의 가능성에 대해서 어떻게 생각하십니까?
21. Do you have any idea to make a success?
성공 시킬 아이디어가 있으십니까?
22. There seems to be increasing costs on this project.
Can you deal with that?
이 계획은 소요되는 비용이 많은 것 같은데 어떻게 하실 건가요?
23. What types of technology are used and how are they used?
어떤 기술이 사용되었고, 어떻게 사용되었죠?
24 From my point of view, we have to review totally about A.
제 견해로는 A에 대해 전면 검토를 해야 합니다.
25. We have to consider this problem from all angles.
이 문제를 모든 각도에서 검토해야 할 것입니다.
26. We'd be better to leave the details to the experts.
자세한 것들은 전문가들에게 맡기는 것이 좋겠습니다.

145

1. I'd like to ask all of you for your cooperation.
여러분 모두에게 협조를 요청합니다.
2. There are many problems and issues yet undecided which call for debate and collaboration.
아직 결정이 되지 않아 토론과 협력이 필요한 많은 문제들이 있습니다.
3. I'd like to ask you for help and support.
여러분의 도움과 지지를 구합니다.
4. A collaborative attitude will lead us to make a success.
협조적인 태도가 우리를 성공으로 이끌 것입니다.
5. We need your full cooperation in what we will do.
우리가 하려는 일에 여러분들의 적극적인 협조가 필요합니다.
6. I hope this meeting will provide the opportunity for an exchange of experience.
이번 회의가 서로 경험을 주고받는 기회가 되었으면 합니다.
7. I hope this meeting will be useful to all of you.
이번 회의가 여러분 모두에게 유익하기를 바랍니다.
8. I sincerely ask for your active participation.
진지하게 여러분의 적극적인 참여를 부탁드립니다.
9. As we can see in these graphs, prediction for the result is possible in some degree.
그래프들에서 볼 수 있듯이, 결과에 대한 예측이 어느 정도 가능합니다.
10. With all due respect, I am not sure whether there is statistical base in your suggestion.
대단히 죄송하지만 당신의 제안에 통계학적 근거가 있는지 궁금합니다.
11. Could you explain about that a bit more?
그것에 대해서 좀 더 자세히 설명해 주실래요?
12. Can you make clear the difference between A and B?
A와 B의 차이점을 분명히 해주시겠습니까?

13. We will all benefit from an exchange of ideas.
    의견을 교환함으로써 모두에게 유익할 것입니다.
14. Now it's time to discuss and make a decision.
    이제 논의하고 결정할 시간입니다.
15. The first thing on the agenda for today is A.
    오늘의 첫 번째 의제는 A에 관한 것입니다.
16. A is one of the major issues for solution.
    A는 해결해야 할 중요한 이슈 중 하나입니다.
17. I'd like to ask you some advice about A issue.
    A문제에 대해 몇 가지 조언을 구합니다.
18. This issue has not yet been touched on exactly.
    이 이슈가 자세하게 다루어진 적이 없습니다.
19. We must consider what steps need to be taken.
    다음 단계가 무엇인지 생각해 보아야만 합니다.
20. I'd like to hear comments from other participants.
    다른 참가자분들의 코멘트를 듣고 싶군요.
21. Would anybody like to make any comments?
    누가 코멘트 할 게 있으십니까?
22. I'd like invite you to share us with your experiences.
    여러분의 경험들을 말씀해 주십시오.
23. Feel free to comment if you have any suggestions.
    제안할 것이 있으면 부담 없이 말씀해 주십시오.
24. Would you care to comment on that?
    코멘트 해 주시겠습니까?

1. Shall we discuss about the tendency and vision of A?
A에 관한 동향과 전망에 대해 논의해 볼까요?
2. Let's talk about the status and future of A.
A의 실태와 그 전망에 대해서 이야기 해 봅시다.
3. Let's go over the recent situation and prospects about A.
A에 관한 현재의 상황과 전망을 검토해 봅시다.
4. We have to analyze the prospects and forecast for A.
우리는 A에 관한 전망과 예측을 분석해야 합니다.
5. Prospects are uncertain.
We have to expect the short, medium and long term outlook.
전망이 불확실 합니다. 단기, 중기 및 장기적 전망을 예측해야 합니다.
6. Would anybody like to make a general comment about the long term prediction?
누가 장기적 전망에 대해 전반적으로 말하실 분 있으신가요?
7. What are the prospects and trends of A?
A의 전망과 경향은 어떻게 됩니까?
8. The outlook for A is bright(good).
A에 대한 전망이 좋습니다.
9. The outlook for A is bleak. (not so good.)
A에 대한 전망이 그다지 좋지 못합니다.
10. No one had been able to predict such a crisis.
아무도 그런 위기 상황을 전망하지 못했습니다.
11. Long-term prospects are not bright.
장기 전망은 밝지 않습니다.
12. The future seems to look bleak and gloomy for A.
A의 미래는 절망적이고 암담합니다.
13. The business outlook for next year is favorable.
내년 사업 전망은 밝습니다.

14. We need to put things into perspective.
 우리들은 그것들을 객관적으로 봐야합니다.
15. We try to see the issue from a different perspective.
 그 문제를 다른 관점에서 보아야 합니다.
16. What's your prospect for A?
 A에 대한 전망은 어떻습니까?
17. Can you analyze a situation in detail?
 상황을 세밀하게 분석해 주실래요?
18. Is it possible to predict the results?
 결과를 예측 할 수 있습니까?
19. This graph shows predictions for the future.
 이 그래프가 미래의 전망을 보여주고 있습니다.
20. The economic state presents a favorable and positive outlook.
 경제 상황이 긍정적인 전망을 보여주고 있습니다.
21. We have a promising future.
 우리의 전망은 밝습니다.
22. The prospect for next year is dark.
 내년 전망이 어둡습니다.

23. The current recession is likely to continue for the time being.
 현재의 불황은 당분간 계속될 전망입니다.
24. From my point of view, it doesn't seem to make progress.
 제 견해로는 향상되지 못할 것 같습니다.
25. But collateral benefits should never be overlooked.
 하지만 부수적인 혜택들을 결코 간과해서는 안 됩니다.
26. You've got a good point there. Let's give him a big hand.
 좋은 견해입니다. 그에게 박수를 부탁드립니다.

세미나와 같은 공식적인 장소에서의 끝맺음

1. We have come to the end of the conference.
우리는 회의의 끝에 다 왔습니다.

2. On behalf of the organization of the seminar, I have a great honor to preside over the ceremony of the closure.
세미나 위원회를 대표하여 폐회식 주재를 맡게 되어 영광입니다.

3. I am very grateful to have the opportunity to close this seminar.
이번 세미나 폐회식 연설을 맡게 되어 기쁩니다.

4. I'd like to preface closing remarks by saying that the success of seminar may not have been possible without your support.
여러분의 도움이 없었더라면, 세미나가 성공하지 못했을거라고 말하며 폐회식 연설을 시작하겠습니다.

5. Please allow me here express my sincere thanks to the organizers and to all of the staff for their hard work in ensuring the success.
회의의 성공을 위해 노력을 해준 조직위와 스텝들에게 진정으로 감사드립니다.

6. I'd especially like to thank everybody who gave so much of their time and capabilities to organize the seminar.
세미나를 위해 시간과 노력을 해준 모든 분들에게 감사드립니다.

7. I'd like to thank speakers and moderators and those who have taken time to give a lecture.
연자와 사회자들, 그리고 강의를 위해 시간을 내준 분들께 감사드립니다.

8. Thank you very much for your attention and your interest.
여러분들의 참여와 관심에 감사드립니다.

9. I'd like to thank all participants for giving their time and expertise.
시간과 전문지식으로 도움을 준 참석자 모두에게 감사드리고 싶습니다.

10. Please join me in giving speakers a round of applause.
발표자들에게 저와 함께 박수를 보냅시다.

11. I'd like to close this meeting by expressing my sincere gratitude to all the participants.
모든 참석자들에게 진심으로 감사드리며 이번 회의를 마칩니다.

작은 회의 같은 비공식적인 장소에서의 끝맺음

1. We have reached the end of our meeting.
   회의의 끝에 왔습니다.
2. We are almost out of time.
   시간이 거의 다 되었습니다.
3. Let's cut off our discussion at this point.
   여기에서 토론을 마치겠습니다.
4. Our time is up. We had a wonderful time.
   시간이 다 되었습니다. 정말 좋은 시간을 보냈습니다.
5. Great job everyone. It was a great discussion.
   모두 다 잘하셨습니다. 훌륭한 토론이었습니다.
6. This meeting will be closed with a last remark.
   이번 회의를 마지막 발언으로 끝내겠습니다.
7. It was interesting for us to hear various opinions.
   다양한 의견들을 들어 흥미로웠습니다.
8. All of you have been discussed seriously about the current main issues.
   최근의 중요한 문제들을 진지하게 논의해 왔습니다.

9. I could read enthusiasm in your faces.
   여러분의 얼굴에서 열정을 볼 수 있었습니다.
10. Let me conclude by thanking all of you for attentions you have given.
    여러분이 보내주신 관심에 감사하다고 말하고 싶습니다.
11. I'd like to thank all participants for kind comments.
    친절한 코멘트를 해주신 모든 참석자들에게 감사드립니다.
12. As we reach the end of the meeting, I thank you for attending and listening.
    회의 마지막에 여러분의 참여와 경청에 감사드립니다.

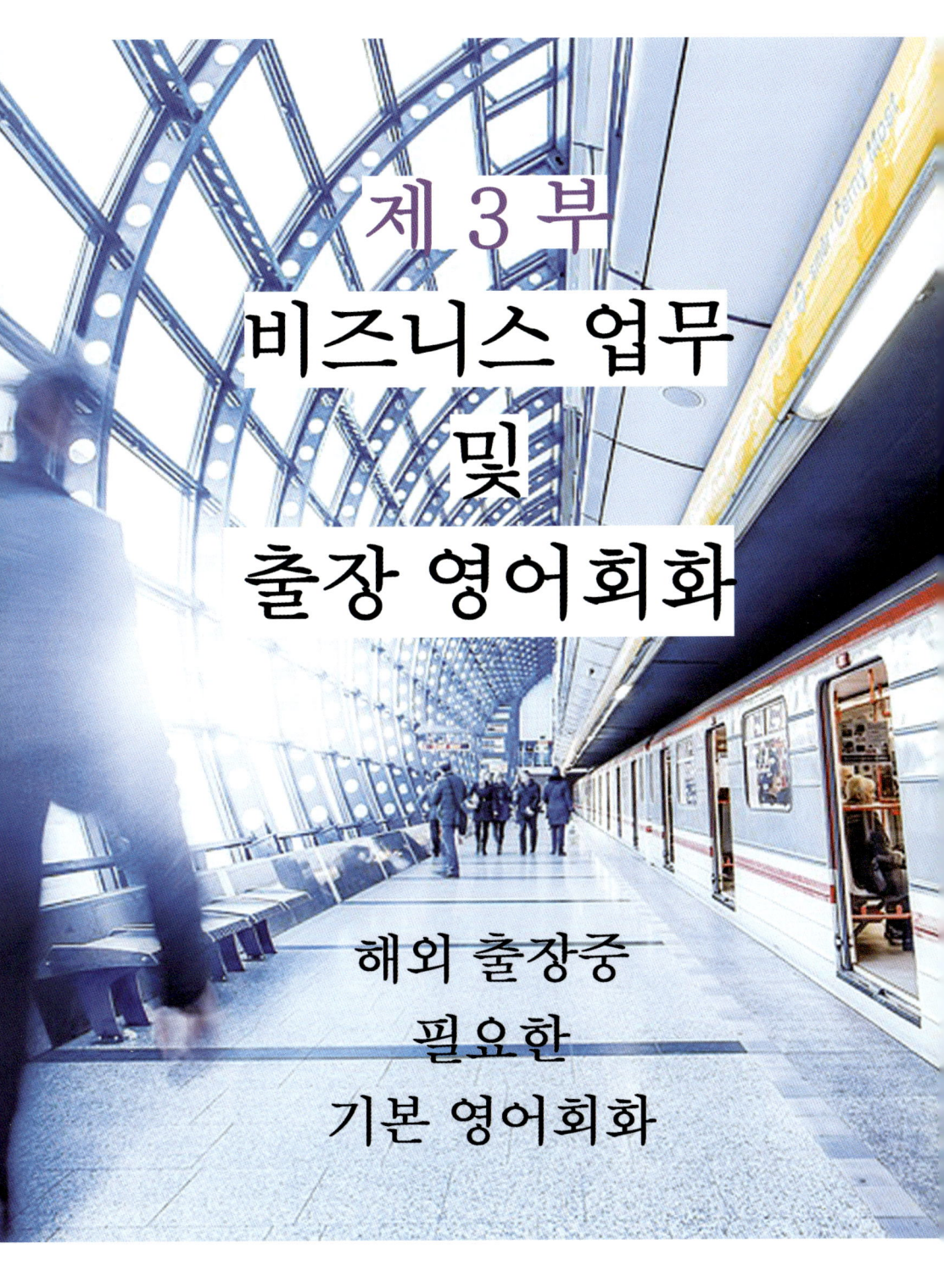

제 3 부
비즈니스 업무
및
출장 영어회화

해외 출장중
필요한
기본 영어회화

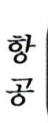

처음 만난 경우

How do you do? I am glad to meet you.
안녕하세요. 반갑습니다.

Nice to meet you. (Good to see you, Pleasure to meet you)
만나서 반갑습니다.

I've frequently heard your name.
당신에 대해서 많이 들었습니다.

I was looking forward to meeting you.
만나 뵙고 싶었습니다.

You are tall and look younger than I thought.
제가 생각했던 것 보다 키가 크고 젊게 보이시는군요.

It's a pleasure to make your acquaintance.
당신을 알게 되어 기쁩니다.

안면이 있는 경우

How are you? How have you been? How is it going?
안녕하세요.

I am fine. How about you? (Everything is good. And you?)
좋아요. 안녕하세요.

Long time no see. How are things these days?
오랜만이네요. 요즘 어떠세요?

Things are fine with me.
모든 것이 좋습니다.

How is your work these days?
일은 좀 어떠세요?

My business is doing well.
일은 잘되고 있습니다.

호텔  교통  음식  관광

Hi. Good to see you again. How have you been?
안녕하세요. 다시 만나서 반갑네요. 어떠세요?

Not too bad. How about yourself?
괜찮아요. 당신은요?

I've been doing well. Things are going good.
좋아요. 모든 것이 좋습니다.

It's been a while. You haven't changed a bit.
오랜만이네요. 전혀 변하지 않으셨네요.

Thank you. You look the same.
감사합니다. 당신도 변하지 않으셨네요.

How long has it been?
얼마만이죠?

It seems like more than 2 years.
2년 이상인 것 같군요.

How is your work these days?
일은 좀 어떠세요?

My business is doing well. What's new?
일은 잘되고 있습니다. 당신은 어떠세요?

Nothing much. Pretty much the same.
별일 없어요. 항상 똑같아요.

Have a good day. Say hello to your family.
좋은 하루 되세요. 가족들에게 안부 전해 주세요.

Good bye. Take care.
안녕히 가세요.

사교  업무  업무  항공

Let me introduce my friend.
제 친구를 소개해 드리겠습니다.
He is a colleague of mine.
그는 제 회사 동료입니다.
He is working in the overseas sales department.
그는 해외 판매부서에서 일하고 있습니다.
We are friends and colleagues for more than 5 years.
우리는 5년 넘게 친구이며 동료입니다.
It's nice to make your acquaintance.
알게 되어서 반갑습니다.
It's fun talking to you.
당신과의 대화가 즐겁군요.
I feel comfortable with you.
당신과 함께 있으면 마음이 편합니다.
I hope our acquaintance would develop further.
우리의 친분이 더 발전하기를 바랍니다.
I hope you and I can be friends.
당신과 내가 친구가 되길 바랍니다.
Having good friends is really important to my life.
좋은 친구를 가진다는 것은 저의 생활에 중요합니다.
We have so much fun together.
둘이 같이 있으니 즐겁군요.
It was nice to have met you.
만나서 반가웠습니다.

 I'd like to introduce my boss to you.
당신에게 제 직장 상사를 소개해 드리겠습니다.

He is a human resource manager.
그는 인사 관리부 부장님이십니다.

 Nice to meet you.
만나서 반갑습니다.

 It's a pleasure to meet you.
만나서 반갑습니다.

 I'm happy to make your acquaintance.
알게 되어서 반갑습니다.

 I'm delighted to know you.
알게 되어서 기쁩니다.

 I've enjoyed conversing with you.
이야기 즐거웠습니다.

 It was great meet you today. See you next time.
오늘 당신을 만나서 반가웠습니다. 다음에 뵐게요.

 Let's be friends.
서로 친구가 됩시다.

Would you please tell me your cell phone number?
휴대폰 번호 좀 알려주실래요?

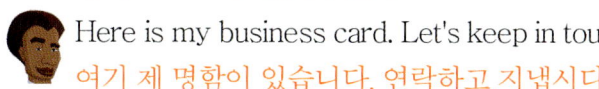 Here is my business card. Let's keep in touch.
여기 제 명함이 있습니다. 연락하고 지냅시다.

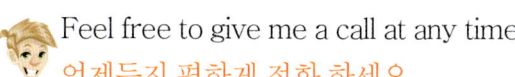 Feel free to give me a call at any time.
언제든지 편하게 전화 하세요.

Drive home safely and have a good night.
집까지 안전하게 운전하시고 좋은 밤 보내세요.

I am calling to pick you up at the airport.
공항에서 당신을 픽업하려고 전화를 했습니다.
What time will you be here?
이곳에 언제 도착하시죠?
What time shall I pick you up?
언제 당신을 데리러 갈까요?
What time is the most convenient for you?
언제가 가장 편한 시간인가요?
Are you free at around Apm?
저녁 A시경 한가하신가요?
Where would you like me to pick you up?
어디에서 픽업할까요?
I'm sorry I'm a bit late.
늦어서 죄송합니다.
I was stuck in traffic.
교통 때문에 막혔습니다.
Seoul is frequently bumper to bumper.
서울은 길이 자주 막힙니다.
I'll drop you off where you need to go.
당신이 원하는 곳에 데려다 드리겠습니다.
What time do you need to get there?
그곳에 언제까지 가셔야 되죠?
I'll give you a ride.
제가 태워다 드리겠습니다.

 I was wondering if you could give me a ride to the airport.
공항까지 저를 태워다 줄 수 있겠습니까?

 No problem. I'd be happy to help.
기꺼이 해드리겠습니다.

By what time do you have to be there?
언제까지 그곳에 가야 되죠?

 Can you come in early tomorrow morning?
내일 아침 일찍 오실 수 있으세요?

I have to go to the airport early.
일찍 공항에 가야 합니다.

If you could pick me up at hotel, that would be great.
호텔에서 저를 픽업해 주시면 정말 고맙겠습니다.

What time is your flight tomorrow?
내일 몇 시 비행기이신가요?

 10am. I'd appreciate if you could come at 7am.
10시입니다. 아침 7시에 와주시면 고맙겠습니다.

 There may be long delays due to backlogs.
기다리는 줄이 밀려서 시간이 오래 걸릴 수 있습니다.

How about if I meet you at 6am?
아침 6시에 만나면 어떻겠습니까?

 OK. I am sorry to trouble you.
알겠습니다. 수고스럽게 해서 죄송합니다.

 No trouble at all. I'll be waiting at the hotel lounge.
천만에요. 호텔 라운지에서 기다리겠습니다.

 If something happens, just let me know.
무슨 일 있으면 알려주세요.

  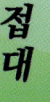  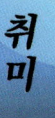 

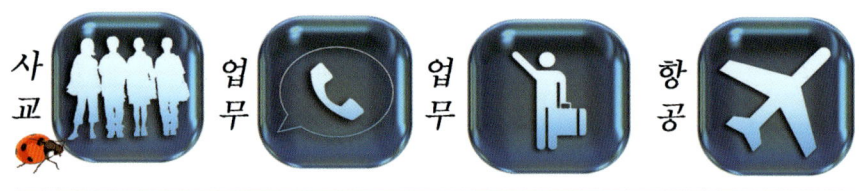

I'd like to treat you to dinner at Korean restaurant.
한국음식점에서 당신을 대접하고 싶습니다.
I was wondering if you'd like to taste some Korean food.
한국음식을 맛보시겠습니까?
Please don't refuse my invitation.
제 초대를 거절하지 말아주십시오.
I really want you to think of me as a friend(colleague).
당신이 정말 저를 친구(동료)로 생각해 주시길 원합니다.
I'll pick you up at 6:00 pm.
저녁 6시에 픽업하러 가겠습니다.
Help yourself. Enjoy Korean food. There are many side dishes.
한국음식 많이 드세요. 반찬이 많습니다.
How about a drink beer and Soju? Let me fill up your glass.
맥주와 소주 어떠세요? 잔을 채워 드리겠습니다.
Would you like to come over to my house and have dinner with me?
집에 와서 저녁을 같이 드실래요?
How about we have a little get together?
조촐한 모임이나 할까요?
Let's have a small dinner party at home.
집에서 조촐한 저녁 파티나 하시죠.
I'll bring the wine or beer to a party.
파티에 와인이나 맥주를 가져가겠습니다.
How about we grab a little lunch?
가볍게 점심 드실래요?
Where shall we have a lunch? What's your favorite food?
점심을 어디에서 먹을까요? 좋아하는 음식이 무엇이죠?

 What's your plan for tonight?
오늘 저녁 무엇을 하세요?

 I don't have any plans.
계획은 없습니다.

 How about we have dinner at Korean restaurant?
한국음식점에서 저녁을 같이 드실래요?

 I don't want to bother you.
번거롭게 하고 싶지 않습니다.

 I'd like to regard you as a close friend.
당신을 가까운 친구로 여기고 싶습니다.

Please accept my invitation.
초대를 받아주세요.

 Help yourself to as much as you want.
원하는 만큼 많이 드세요

 I've had plenty. Well, I think I am getting drunk.
많이 먹었습니다. 음, 술이 좀 취하는군요.

 I've had enough too. Did you enjoy Korean food?
저도 충분합니다. 한국 음식 괜찮았습니까?

 Yes, I enjoyed it. The Korean food was very wonderful.
네 맛있었습니다. 한식이 매주 좋았습니다.

Thank you for treating me to dinner.
저녁을 대접해 주셔서 감사해요.

 My pleasure. I've had a good day. I really enjoyed talking to you.
천만에요. 좋은 하루를 보낸 것 같습니다. 이야기 즐거웠습니다.

 Thank you for your hospitality and kindness.
환대와 친절에 감사드립니다.

 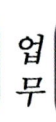   

Which company do you work for?
어떤 회사를 다니시죠?

How many employees do you have in your company?
직장 인원이 얼마나 되나요?

Beautiful day today, isn't it? Are you doing anything special today?
오늘 날씨가 좋군요. 그렇죠? 오늘 특별한 일이 있으십니까?

If you have nothing particular, how about hanging out with me?
특별한 일 없으시면 저와 같이 시간을 보내시죠?

How was today? Let's hang out together to relieve stress.
오늘 어땠어요? 스트레스 풀게 같이 어울려 놀고 다닙시다.

I am very glad to have made your acquaintance.
당신을 알게 되어 매우 기쁩니다.

Let's get along well. People have to mix with others.
서로 잘 지내죠. 사람들은 다른 사람들과 어울려야 됩니다.

It was so great talking to you.
당신과 대화를 나누어 즐거웠습니다.

I enjoyed spending time with you. I'll treat you next time.
오늘 즐거웠습니다. 다음에는 제가 대접을 하겠습니다.

Would it be possible to see you sometime next week?
당신과 다음 주 언제 만날 수 있을까요?

Let me give you my number.
제 전화번호를 드릴게요.

I've run out of my business card. Can I get your number?
명함이 다 떨어졌습니다. 전화번호 좀 주실래요?

호텔  교통 음식 관광

 Hi. If you didn't have lunch yet, let's grab a bite.
아직 점심을 드시지 않았으면 같이 뭐 좀 먹도록 하죠.

 Are there any cafeterias or restaurants around here?
이 근처에 카페나 식당들이 있습니까?

 Yes. Let's grab a quick bite over there.
네. 저곳에서 간단히 먹읍시다.

How long have you been with this company?
이 직장에서 일한 지 어느 정도 되었나요?

 I have been working at this job for several months.
이 직장에서 일한지 몇 달 되었습니다.

 What did you major in?
무엇을 전공하였나요?

 I attended A university and majored in business administration.
A대학의 경영학을 전공했습니다.

 Do you have any friends in Korea?
한국에 친구가 있습니까?

 No. I haven't.
아뇨. 없어요.

 I hope we can be a good friend. Let's keep in touch.
좋은 친구가 될 수 있기를 바랍니다. 연락을 주고받을까요?

 Sounds good. This is my business card.
Email me anytime. I'll be in touch.
그러죠. 여기 제 명함입니다. 아무 때나 메일 주세요. 연락할게요.

 Here you are. My email address and mobile number.
Feel free to give me a call anytime.
여기 이메일 주소와 핸드폰 번호입니다. 언제든지 전화 주십시오.

인사 소개 픽업 접대  교류 사생활  취미  사내활동

163

사교  업무 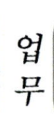 업무  항공

Where is your hometown? Where do you live?
고향이 어디시죠? 어디에 사시나요?

Busan. I left my hometown when I was a child. I am living in Seoul now.
부산입니다. 어렸을 때 고향을 떠났습니다. 지금은 서울에서 살고 있습니다.

I live at A. Do you live around here? Where are you living now?
저는 A에 삽니다. 이 근처에 사시나요? 지금 어디에 사시나요?

I live on the fifth floor of a 15 story apartment in B.
B에 있는 15층 아파트의 5층에 삽니다.

How long does it take to get to your office?
사무실까지 가는데 얼마나 걸리죠?

I feel like you seem to have a good character.
당신의 성격이 좋을 것 같습니다.

Let me be so bold as to ask you. Tell me a little about yourself.
실례하지만 좀 물어볼게요. 당신에 대해서 말해 주세요.

I am used to living alone and a kind of introvert by nature.
저는 혼자 사는데 익숙하고 선천적으로 내성적입니다.

I am trying to be faithful to my repetitive daily life.
저는 반복적인 일상생활에 충실하려고 노력하고 있습니다.

I get up at around 6 in the morning and go to bed at midnight.
아침 6시경 일어나 밤 12시에 잠을 잡니다.

I oversleep until almost noon on weekends.
주말에는 거의 정오까지 늦잠을 잡니다.

I don't usually have breakfast. (I eat something light for breakfast.)
아침은 잘 안 먹습니다. (아침은 간단한 것으로 먹습니다.)

My hobby is A. I always hope to run my own business.
제 취미는 A이고, 항상 개인 사업을 하고 싶은 희망이 있습니다.

- Do you mind if I ask your age? How old are you?
  나이를 물어봐도 되겠습니까? 몇 살이시죠?
- How old do you think I am?
  저는 몇 살처럼 보이시나요?
- About 32? Are you married?
  32세 정도인가요? 결혼 하셨나요?
- I am 36 years old. I have one child. My son is 4.
  저는 36살입니다. 아이가 하나 있습니다. 아들은 4살입니다.
- You look younger than your age.
  나이보다 훨씬 젊게 보이시는군요.
- How long have you been worked here?
  이곳에서 일한 지 얼마나 되셨습니까?
- I've been more than 5 years.
  5년 이상 되었습니다.
- Where are you from? Where did you grow up?
  어디 출신이세요? 어디서 자라셨어요?
- I am from Seoul. I was bone and raised in Seoul.
  저는 서울 출신입니다.
- Do you have any brothers or sisters?
  형제나 자매가 있나요?
- I have two older sisters and one younger brother.
  언니 2명과 남동생 한 명이 있습니다.
- Are your parents alive and well?
  부모님들은 살아계시고 건강하신가요?
- My father is healthy, but mother passed away.
  아버지는 건강하신데 어머니는 돌아가셨습니다.

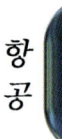

What do you like to do in your spare time?
여가 시간에 주로 무엇을 하세요?

What do you spend time on your weekends?
주말에는 무엇을 하고 지내세요?

What kind of exercise or sports do you like?
어떤 운동이나 스포츠를 좋아하세요?

What's your favorite sports?
어떤 스포츠를 좋아하시죠?

I like swimming and watching baseball.
저는 수영이나 야구를 보는 것을 좋아합니다.

How often do you go swimming?
얼마나 자주 수영장에 가시죠?

I usually go swimming three times a week.
항상 일주일에 3번 수영을 합니다.

I root for Kia Tigers. Who is your favorite athlete?
기아 타이거즈를 좋아합니다. 어느 선수를 가장 좋아하세요?

Are there any hobbies you do? What are your hobbies?
어떤 취미들이 있나요?

Do you have any pets?
애완동물이 있으세요?

What's your favorite kind of music?
어떤 종류 음악을 들으세요?

Who is your favorite music artist?
좋아하는 가수가 누구죠?

What's your favorite winter activity?
겨울엔 어떤 활동을 좋아하시죠?

What kinds of things do you like to do in your spare time?
여가 시간에 주로 무엇을 하십니까?

I enjoy going around and taking pictures.
돌아다니며 사진 찍기를 좋아합니다.

How many films do you see a month?
한 달에 몇 번 영화를 보죠?

I go to the movies a couple of times a month.
영화를 한 달에 2번 정도 봅니다.

How often do you travel abroad?
얼마나 자주 해외여행을 가나요?

I travel abroad with my family for every summer vacations.
매년 여름휴가 때 가족들이랑 해외여행을 갑니다.

Where did you travel(visit)?
어디를 여행해 보셨어요?

Maybe a dozen countries.
아마도 십여 나라입니다.

Have you ever been to Hawaii?
하와이에 가본 적이 있나요?

I've never been there before.
그곳에 가본 적이 없습니다.

Do you play any sports? What sports do you like?
하시는 스포츠가 있으세요? 어떤 스포츠를 좋아하시죠?

When I have time, I sometimes watch baseball and go climbing.
시간이 되면 야구를 보거나 등산을 갑니다.

I also like watching baseball. Which team do you root for?
저도 야구를 보는 것을 좋아합니다. 어느 팀을 응원하시죠?

167

사교 / 업무 / 업무 / 항공

Good morning. How was your yesterday?
좋은 아침입니다. 어제는 어떠했습니까?

Did you get some rest yesterday?
어제는 좀 쉬었나요?

I heard you had an important meeting with a buyer.
바이어와 중요한 만남이 있다고 들었습니다.

Did you go home well yesterday?
어제 집에 잘 들어가셨습니까?

Let's go to the staff lounge and get a drink or something.
직원 휴게실로 가서 뭐 좀 마십시다.

Would you like some coffee? Care for something to drink?
커피 좀 드실래요? 마실 것 좀 드릴까요?

How about grabbing a bite? Let's order a Pizza.
뭐 좀 먹을까요? 피자를 배달시키죠.

Do you get how to do this? Can you help me handle this?
이것을 어떻게 하는지 아세요? 처리하는 데 도와주실래요?

Do you have a minute? (Do you have some time now?)
시간 좀 있으세요?

When you get a minute, could you help me?
시간이 날 때 도와주실래요?

What's going on? (What's up?)
무슨 일이죠?

It's no matter. (It's nothing. It's no big deal.)
별일 아닙니다.

We've had enough rest. Let's go back to work.
충분히 쉬었네요. 다시 일합시다.

Take a break and have a cup of coffee together.
잠시 쉬고 함께 커피나 한 잔 하시죠.

That sounds great. Would you care for some coffee?
좋습니다. 커피 좀 드실래요?

I appreciate the offer, but I already ate a little while ago.
고맙습니다. 헌데 조금 전에 이미 먹었습니다.

Can I get you something to drink, coke?
마실 것, 콜라 좀 드릴까요?

No, thank you. Please don't go to any trouble.
괜찮습니다. 저 때문에 신경 쓰지 마세요.

May I trouble you for a light?
담뱃불 좀 빌려주실래요?

Do you smoke? I don't like smoking. I am a nonsmoker.
담배를 피우시나요? 저는 담배가 싫고, 비흡연자입니다.

I smoke sometimes. I know smoking is bad for health.
간혹 핍니다. 흡연이 건강에 나쁘다는 것은 압니다.

But when I am stressed, I am dying for a cigarette.
하지만 스트레스 받으면 담배를 정말 피우고 싶습니다.

The air in the office is really stale. It's stuffy.
사무실 공기가 탁하네요. 답답해요.

Let's go and get some fresh air after lunch.
점심 후 신선한 바람 좀 쐽시다.

Unless there is anything else, I am leaving for the day.
다른 일이 없으면 퇴근하겠습니다.

Let's call it a day. (Let's get off work. Let's wrap it up.)
오늘은 이만 그만 끝내죠.

169

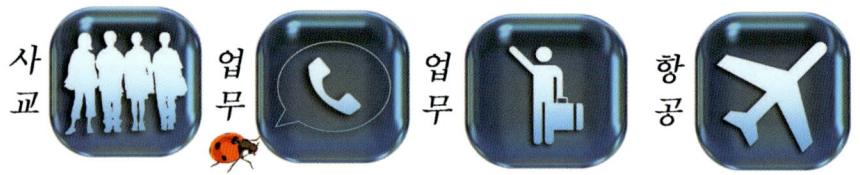

 Hello, this is Mr. kim, (Kim speaking) General affairs department.
(Accounting or Finance, Sales or Business, Administration or Management)
여보세요. 총무부(경리부, 판매부, 관리부) 미스터 김입니다.

 Hello. May I speak to Mr. A?
(I'd like to speak with Mr. A.　Is Mr. A there?
I am calling for Mr. A.　　Is Mr. A available?)
A씨와 통화할 수 있을까요?

 May I ask who is calling please?
누구시죠?

 This is Mr. B from C company. (It's B from C company.)
저는 C회사의 미스터 B입니다.

 May I ask why you're calling?
(Can I ask what this is about?　May I ask the purpose of your call?
May I ask why you're calling?　May I ask what it's regarding?)
무슨 일이시죠?

 I'm calling about an invoice for the goods.
물품 청구서(송장) 때문에 전화했습니다.

 He can't come to the phone. (He isn't available now.)
전화를 받을 수 없습니다.

He is not here right now. (He is not in the office at the moment.)
그는 지금 여기(회사)에 없습니다.

: ---중입니다.

　외출중 : He is out at the moment. (He stepped out for a moment.)
　출장중 : He is away on business. (장거리 출장 - He is on a business trip.)
　회의중 : He is tied up in the meeting. (He is in a meeting now.)
　업무중 : He is working somewhere else. He is too busy to get the phone.
　외근중 : He is out of office at the moment. (He is working outside of the office.)

호텔 / 교통 / 음식 / 관광

전화 기본

 When will he be available?
언제쯤 통화가 가능할까요?

Do you know when he'll be back? Will he come back soon?
언제 그가 올까요? 곧 돌아오시나요?

전화 연결

   곧 – He'll return soon. (He'll be back soon. He'll come back shortly.)
   A시경 – He'll be here about A. (He'll be back in A.)
           He won't be back until A.

전화 업무

   외근 – He'll be out of the office all day long.
   퇴근 – Probably he'll be gone for the rest of the day.

May I take a message? (Would you like to leave a message?)
메시지를 전해드릴까요?

If you leave a message, I'll pass it on to him.
메시지를 남기면 전해줄게요.

안내 홍보

 Could you tell him Mr. B called?
미스터 B가 전화했다고 전해주실래요?

 OK. I'll tell him that you called.
알겠습니다. 당신이 전화했다고 전해드릴게요.

사무 잡무

Should I have him call you back? (Shall I tell him to call back later?)
당신에게 전화를 드리라고 할까요?

 Please tell him to call me back. (Could you tell him to give me a call?)
전화를 주시라고 전해주세요.

보고

 I'll make sure he gets back to you.
당신에게 전화를 드리라고 꼭 말하겠습니다.

 (cf) I'll call back later. What's the best time to call?
         나중에 전화 하겠습니다. 어느 시간에 전화 하면 될까요?

실적

    Try to call again 2 hours later.
         2시간 뒤에 다시 전화해 보세요.

부서 회의

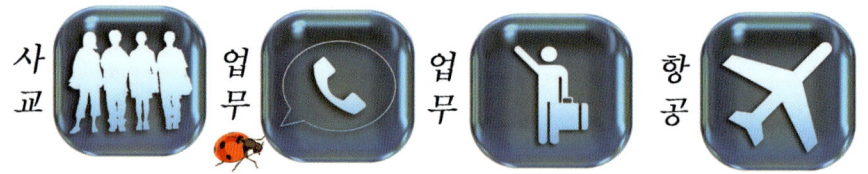

Can I speak to A ? (Please get me the extension B.)
A와 통화 가능할까요? (내선번호 B번 연결해 주세요.)
I have trouble hearing you. (Connection isn't clear. Signal is bad.)
상태가 좋지 않아 잘 안 들리네요. (연결 상태가 좋지 않네요.)
Would you speak more loudly? (Would you keep your voice up?)
좀 크게 말해 주실래요?
I didn't catch your name. What was your name again?
이름을 잘못 들었습니다. 다시 말해주실래요?
To whom would you like to speak? (To whom do you wish to speak?)
어느 분을 바꿔 드릴까요?
Hold on please. (Hold the line. Stay on the line. One moment please)
잠깐만 기다리세요.
I'll transfer the line to A. (I'll transfer you to A.)
A에게 전화를 연결해 드리겠습니다.
I'm sorry. He is talking with another person on the phone.
죄송합니다. 지금 다른 사람과 통화중입니다.
Would you mind if I put you on hold? (Would you like to hold?)
기다리시겠습니까?

No. That's fine. Could I get his mobile number?
괜찮습니다. 그의 휴대폰 번호를 알 수 있을까요?
We can't tell his phone number due to private's affair.
개인적인 일로 전화번호를 알려드릴 수 없습니다.
He is busy doing something. I'll tell him call you back.
지금 무엇을 하느라 바쁩니다. 전화를 당신에게 드리라고 할게요.
Let me get a pen. What's your contact number?
잠깐 펜 좀 준비할게요. 연락번호가 어떻게 되시죠?

I'm afraid you've got the wrong number. There's no A here
(I'm sorry, I think you got the wrong number.
You must have the wrong number.)
죄송하지만 전화를 잘못거신 것 같습니다. A분은 안계십니다.

Sorry, I must have the wrong number.
죄송합니다. 제가 전화를 잘못한 것 같습니다.

I'm sorry. Can I confirm? Did I dial A?
죄송한데 제가 A로 전화 한 것이 맞습니까?

No, that's not my (our) number. You dialed the wrong number.
제(저희) 번호가 아닙니다. 전화를 잘못 거신 것 같습니다.

I'm busy doing something. I'll get back to you after doing rush-job.
지금 바쁩니다. 급한 일을 끝내고 전화를 드리겠습니다.

I'll call you back shortly. (I'll call you right back.)
바로 전화 드리겠습니다.

Phone battery has run out. (The battery is dead.)
폰 밧데리가 다 되었네요.

I'll call you a little while later (at lunch time, this afternoon, this evening.)
조금 뒤에 전화를 드리겠습니다. (점심시간에, 오늘 오후에, 오늘 저녁에)

Can I use your phone for a minute?   Be my guest. Feel free.
당신의 전화를 잠깐 써도 되겠습니까? 그러세요. 부담 갖지 마세요.

Can I call you sometime? (at any time, sometimes, once in a while)
언제 (아무 때나, 때때로, 가끔) 전화해도 되나요?

Feel free to call me any time.
언제든지 전화 하세요.

If you leave a message, I'll return your call.
메시지를 남기시면 곧 전화 드리겠습니다.

173

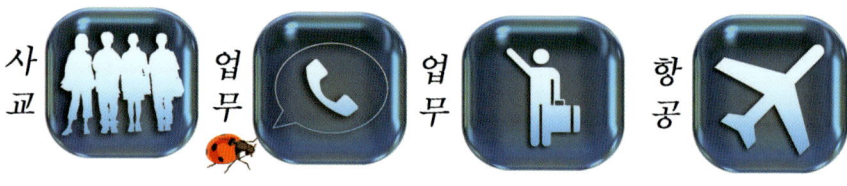

 Hello. Thank you for calling A company.
안녕하세요. A회사입니다.

 This is Mr. Kim, calling from Seoul.
서울에서 전화하는 미스터 김입니다.

Could you please put me through to the purchasing department?
구매부서를 연결해 주시겠습니까?

 Hold a moment. Let me transfer your call.
잠시만요. 연결해 드리겠습니다.

 May I speak to General Manager James?
제임스 부장님과 전화를 할 수 있을까요?

 This is James.
제임스입니다.

 Hi. Let me say hello for the first time.
안녕하세요. 처음 인사드립니다.

I'm calling you in regards to the order from your company.
귀사에서 주문하신 것 때문에 전화 드렸습니다.

We will send you an invoice by fax right now.
팩스로 지금 송장을 보내드리겠습니다.

Invoice is payable upon receipt.
청구서는 수령 즉시 지불해야 합니다.

Goods will be delivered on receipt of payment.
돈이 수령되는 대로 물건을 발송해 드리겠습니다.

 We will pay the total amount of $A on receipt of invoice.
송장을 받으면 바로 A금액 전액을 지불할 것입니다.

How soon can you ship the order?
주문품을 얼마나 빨리 발송할 수 있습니까?

 The items can be shipped within 3 days.
3일 이내에 품목 출하가 가능합니다.

I'm calling to discuss some business about A.
A 업무에 대해 논의하기 위해 전화를 드렸습니다.

I'm not the person in charge of the matter.
전 그 문제를 담당하는 사람이 아닙니다.

Can I speak to the person in charge of A?
A를 담당하는 직원과 통화할 수 있겠습니까?

I will connect you with Manager B.
B 과장님을 연결해 드리겠습니다.

I am sorry, he(she) isn't in the office at the moment.
지금 담당자가 사무실에 안 계십니다.

Let me transfer you to another person.
다른 사람을 연결해 드리겠습니다.

What can I do for you?
무슨 일이십니까?

I've tried to get in touch with manage of C department.
C부서장님과 통화하려고 연락을 했었습니다.

I'd like to speak to him directly.
그 분과 직접 이야기를 나누고 싶습니다.

May I ask what it's about?
무슨 일인지 물어봐도 되겠습니까?

I'd like to make an appointment to meet the manager concerning A.
A에 관해서 부서장님과 만날 약속을 잡고 싶습니다.

He just stepped out for business affairs.
그는 업무가 있어 잠깐 나가셨습니다.

Leave me your contact number.
I'll tell him that you called.
연락처를 남겨주시면 당신이 전화했다고 전해드리겠습니다.

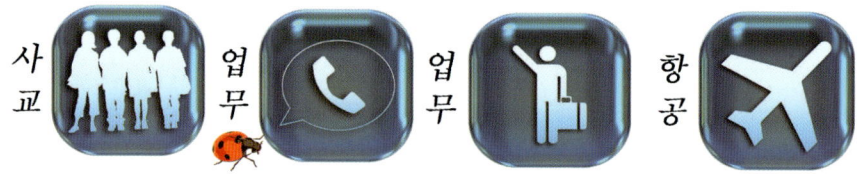

Thank you for coming today.
오늘 와주셔서 감사합니다.

We welcome you to our company.
우리 회사에 와 주셔서 감사합니다.

It'll be very helpful for you to understand our company and make a decision if you see the production process.
생산 과정을 보시면 우리 회사에 대한 이해와 결정에 도움이 될 것입니다.

I'll be taking you around the company and the factory.
회사와 공장을 안내해 드리겠습니다.

There are about 200 employees, including office and factory workers.
사무직원, 공장직원 포함하여 직원이 약 200명 정도 됩니다.

Let me give you some brochure about our product.
우리 제품 팸플릿을 드리겠습니다.

You have seen the main facilities of our company.
우리 회사의 주요 시설들을 보고 계십니다.

All of the production process are almost automated.
전체 생산 공정이 대부분 자동화 되어있습니다.

Our manufacturing process is divided into three stages.
우리의 생산 공정은 3단계로 나누어져 있습니다.

The process is time consuming and using high technology.
공정은 시간이 많이 걸리고 첨단 기술이 사용됩니다.

Average production time from beginning to end takes about A hours.
처음부터 끝까지의 생산 소요시간은 대충 A시간이 걸립니다.

We are controlling the process and quality by hi-tech computer system.
과정과 품질들을 첨단 컴퓨터 시스템으로 관리하고 있습니다.

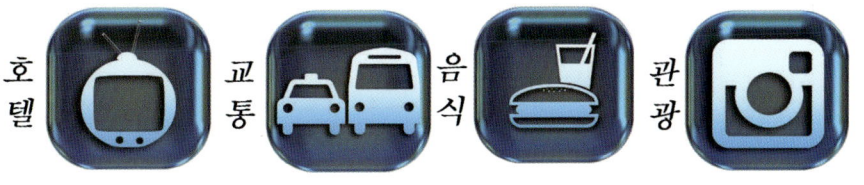

We are trying to develop the engineering and new technology.
우리는 새로운 기술을 개발하기 위해 노력하고 있습니다.

Finally, we examine the product strictly to find the defective.
마지막으로 결함을 발견하기 위해 엄격하게 검품을 합니다.

We subcontract the work to another engineering firm.
우리는 일을 다른 엔지니어링 회사에 하도급을 주었습니다.

But our company control the production system and process of manufacturing.
하지만 우리 회사가 생산 시스템과 공정 과정을 모두 관리하고 있습니다.

Let me tell you about our products.
우리의 제품들에 대해 설명해 드리겠습니다.

Our company has been earning a good reputation for its differentiated product lineup and promotion strategy.
우리 회사는 차별화된 제품들과 홍보전략으로 좋은 평판을 얻고 있습니다.

The biggest advantage of our product is that it's less expansive and more highly efficient than other competitors.
우리 제품의 가장 큰 장점은 다른 경쟁사보다 싸고 더 효율적이다는 것입니다.

The largest benefit of A is that the quality is good and design is revolutionary.
A의 가장 큰 장점은 품질이 좋고 디자인이 혁신적이라는 것입니다.

The key characteristics are compact size and high performance.
주요 특징은 크기가 작고 고성능이라는 것입니다.

The greatest advantage of this is that it's convenient to use.
이 것의 가장 큰 장점은 사용이 편리하다는 것입니다.

Would you send these documents to A company by fax.
A회사에 팩스로 이 서류들을 보내주실래요?

Could you fax me the invoice?
송장을 팩스로 저에게 보내주실래요?

We send a fax to confirm our order for A.
A에 대한 주문 내용을 확인하려고 팩스를 보냅니다.

We will ship them immediately upon receipt of purchase order(PO).
주문서를 받은 즉시 물품을 발송해 드리겠습니다.

We dispatched the goods on A.
우리는 A날 물건들을 발송했습니다.

Which of these orders is the most urgent?
이 주문들 중에서 어떤 것이 가장 급합니까?

Could you make 12 copies of this report?
이 보고서를 12부 복사해 주실래요?

Would you order coping papers and office supplies in advance?
미리 복사지와 사무용품을 주문해 줄래요?

Did you receive the fax?
팩스를 받으셨습니까?

I seem to have misplaced the invoice. Let me search for it.
송장을 어디에 잘못 둔 것 같습니다. 찾아보겠습니다.

I can't find the contract. I must have misplaced it.
계약서를 찾을 수가 없습니다. 다른 곳에 놓아둔 게 틀림없습니다.

I must have missed the notice or I must have forgotten.
그 공고를 못 본 것 같습니다. 혹은 제가 잊어버린 것 같습니다.

I must have overlooked that matter. I'll take care of it immediately.
제가 그 일을 간과한 것 같습니다. 제가 즉시 처리하겠습니다.

 I am sorry I am late. I overslept. Heavy traffic.
늦어서 죄송합니다. 늦잠을 잤습니다. 교통체증하고요.

 You look like so tired. What's the matter?
피곤해 보이는군요. 무슨 일이죠?

 I didn't sleep well last night. I stayed up all night.
어젯밤 잠을 못 잤습니다. 꼬박 새웠습니다.

I promise I'll never be late. This won't happen again.
앞으로 늦지 않겠습니다. 다시는 이런 일이 없을 것입니다.

 You look a bit under the weather. Is there something the matter?
안 좋아 보이시군요. 무슨 일 있나요?

 I'm tied up at work, doing the quarterly report.
분기 보고서 때문에 일에 얽매어 있습니다.

It had been a long tiring day. I'll be alright after some rest.
힘든 하루였습니다. 좀 쉬면 좋아질 것입니다.

 I've have some personal matters to take care of.
개인적으로 해야 할 일이 있습니다.

I have to leave early. I'm going to take a monthly holiday.
오늘 빨리 가야할 것 같습니다. 월차를 내겠습니다.

 You look concerned. What's the problem?
걱정이 있나 보군요. 무슨 문제죠?

 I have got so much work to do before tomorrow.
내일 전까지 할일이 너무 많이 있습니다.

 You aren't be the only one under pressure. I have a backlog of work.
스트레스 받는 사람은 당신만이 아닙니다. 저도 일이 밀려 있어요.

I am trying not to stress out when I am behind schedule.
저는 일이 밀릴 때 스트레스를 받지 않으려고 노력합니다.

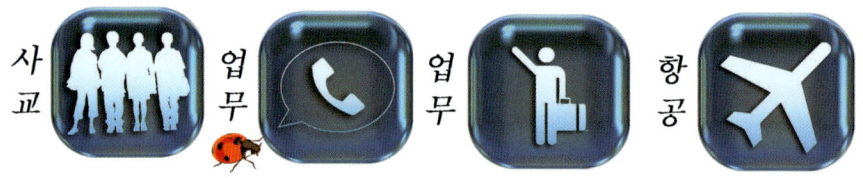

You have to submit the first quarter report by A.
A날까지 1분기 보고서를 제출해 주십시오.

OK. I'll do my best. I'll finish it as quickly as possible.
네. 최선을 다하겠습니다. 되도록 빨리 끝내겠습니다.

Keep me up to date about the sale figures for this quarter.
이번 분기 판매 실적을 저에게 계속 보고해주시기 바랍니다.

When do you need the report by?
보고서가 언제까지 필요하십니까?

Give me a little more time. It'll take time to go over documents.
시간을 좀 더 주세요. 서류를 검토하려면 시간이 걸립니다.

Send me the exact report regarding costs and profits.
비용과 수익에 대한 정확한 보고서를 보내주시기 바랍니다.

It's actually a lot more complicated what it looks like.
보기보다 상당히 복잡하네요.

I'll have it done by tomorrow and send it to you.
내일까지 해서 보내겠습니다.

Can you give me more details? (Give me the rundown.)
좀 더 자세히 말해주실래요? (상세하게 보고하세요.)

I will prepare the report and tell you for further details.
보고서를 준비하여 더 자세히 말씀 드리겠습니다.

Please expedite this problem as soon as possible
and keep me informed of the progress.
가능한 빨리 이 문제를 처리해 주고, 어떻게 되어 가는지 계속 알려주세요.

I will update you when I know more.
상황을 더 알게 되면 당신에게 알려주겠습니다.

When is my quarter (budget, sales) report due?
분기 (예산, 매출) 보고서는 언제까지 끝내야 합니까?

You have to hand in the report before you leave for the day.
퇴근하기 전까지 보고서를 제출해야 합니다.

Draw up a draft of the contract and give it to me till tomorrow.
계약서 원본을 작성하여 내일까지 저에게 주시기 바랍니다.

I'll finish it as soon as possible.
가능한 빨리 끝내겠습니다.

How is your report coming along? Did you finish it?
보고서는 어떻게 되어갑니까? 다 끝냈습니까?

So far, so good. It's doing well.
지금까지 좋습니다. 잘 되어가고 있습니다.

How is it going so far? Did you get it done?
지금까지 어떻게 되어 갑니까? 다 끝냈습니까?

It'll probably take a little while longer.
시간이 더 걸릴 것 같습니다.

I'll make sure it'll be done by the day after tomorrow.
모레까지 틀림없이 끝내겠습니다.

Is it almost finished? I don't mean to stress you out.
거의 끝나가나요? 당신에게 스트레스를 주려는 건 아닙니다.

I am halfway done. (About one third. Almost done.)
절반 정도 했습니다. (1/3정도요. 거의 다 했습니다.)

Investigate the current situation right away and report back to me.
현재 상황을 즉시 조사한 후 저에게 보고해주시기 바랍니다.

I'll update you as soon as we have more information.
더 많은 정보를 얻는 즉시 알려 드리겠습니다.

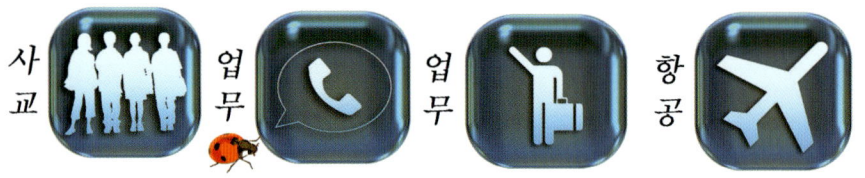

What trend is seen for revenues this year?
올해의 수익은 어떤 추세입니까?

Did sales go up(down) this quarter?
이번 분기에 매출이 증가(감소) 했습니까?

Revenues for this quarter were lower than forecast.
이번 분기 수익이 예상보다 낮았습니다.

Profits for the first quarter will be lower than expected.
1분기 수익이 예상보다 낮을 것 같습니다.

The first and second quarter profits were not good.
1,2분기 수익이 좋지가 않습니다.

Revenues declined 5 percent in the third quarter.
3분기 수익이 5% 감소했습니다.

The profit for the fourth quarter will be less than expected.
4분기의 수익이 예상치보다 적을 것 같습니다.

The revenue in the fourth quarter decreased by 2 percent.
4분기의 회사 수익이 2퍼센트 감소했습니다.

We have to lower the profit prediction, because demand for our products has been weaker than expected.
저희 상품에 대한 수요가 예상보다 낮아 수익 예상치를 낮추어야 합니다.

Stock prices are on the downside.
주가는 하락세입니다.

Stock prices dropped −%.
주가가 −퍼센트 하락했습니다.

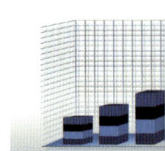

Stock prices dropped a lot. (The stock prices showed a steep decline.)
주가가 많이 떨어졌습니다.

Stock prices plunged. (The stock prices took a nosedive.)
주가가 곤두박질쳤습니다.

How much profit will the company earn this year?
올해 회사가 얼마나 이익을 낼 수 있겠습니까?

Earnings are up than the same period a year ago.
작년 같은 기간의 수입에 비해 상승하였습니다.

This quarter earnings exceeded its forecast.
이번 분기 수익이 예상을 넘었습니다.

We expect the first quarter revenue to be higher than its estimates.
1분기 수익이 예상치를 상회할 것으로 전망됩니다.

Profits are expected to rise -% in the second quarter.
2분기 수익이 -% 증가할 것으로 예상되고 있습니다.

Earnings beat expectations. Profits are up considerably.
수익이 예상을 깼습니다. 수익이 상당히 늘었습니다.

The company made a profit this quarter for the first time.
회사가 처음으로 이번 분기에 수익을 냈습니다.

We have achieved an unexpectedly profitable quarter.
뜻밖으로 많은 분기 수익을 올렸습니다.

We are expecting to surpass last year's earning.
지난해 수익을 능가할 것으로 기대하고 있습니다.

We are expecting that our business will prosper.
우리는 사업이 번창할 것이라고 기대하고 있습니다.

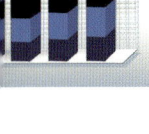

Stock prices are showing little change.
주가가 보합세를 유지하고 있습니다.

Stock prices showed a (rise) suddenly rising tendency.
주가가 (상승) 급등세를 보였습니다.

Stock prices will go up for the time being.
당분간은 주가가 오를 것 같습니다.

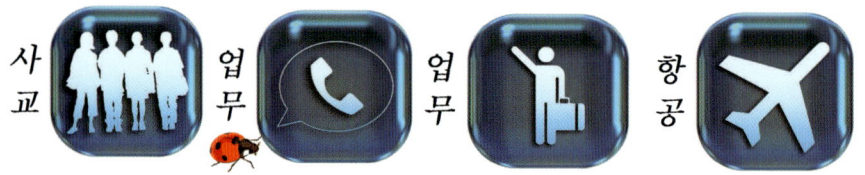

Before we begin the meeting, shall we have a coffee?
회의를 시작하기 전 커피 한 잔 하실까요?

We are here to discuss the urgent affairs.
우리는 긴급한 문제들을 논의하러 이곳에 모였습니다.

A meeting is called for the purpose of deciding on the urgent issue.
급박한 문제를 결정하려고 모임을 가졌습니다.

Sales are down, so we are in trouble.
매출이 떨어져 우리가 곤란하게 되었습니다.

This was far more than expected.
이는 기대치보다 훨씬 더 큰 폭이었습니다.

Let's go through the details.
자세하게 살펴봅시다.

We are expecting second quarter revenue will be as much as -.
2분기 수익이 -가 될 것으로 예상됩니다.

First quarter profits are down by A percent.
1분기 수익이 A퍼센트 감소했습니다.

Teamwork is the key to success. Let's go through this bit by bit.
팀웍이 성공의 열쇠입니다. 이것을 조금씩 해결해봅시다.

We have to discuss about marketing strategy.
(Increasing revenue, cost cutting, restructuring, personnel reshuffle)
우리는 마케팅 전략(수입증대, 비용절감, 구조조정, 인사개편)을 논의해야 합니다.

We have to increase the productivity and lower the expenses.
생산성을 증가시키고 비용을 절감해야 합니다.

We look forward to a favorable result.
양호한 결과를 기대하고 있습니다.

We have performed very well in this business.
우리가 이번 일은 아주 잘했습니다.

Through cost-cutting method, we have got a profit.
비용절감 조치 덕분에 수익을 냈습니다.

I want to hear your thoughts. Speak your minds.
당신의 생각들을 듣고 싶습니다. 솔직히 말해보세요.

I need time to think it over. Let me think it over till tomorrow.
더 생각할 시간이 필요합니다. 내일까지 숙고하게 해주십시오.

We have to fix this problem quickly.
가능한 빨리 이 문제를 처리해야 합니다.

Actually, I am not against it. I agree to your opinion.
사실은 반대하지 않습니다. 당신의 의견에 찬성합니다.

I don't think we can make it.
저희가 할 수 있다고 생각하지 않습니다.

I am against it. I am against your opinion.
저는 반대합니다. 당신의 의견에 반대합니다.

I am against that because we need time to prepare it.
그것을 준비하려면 시간이 필요하기 때문에 저는 반대합니다.

Talking about it now would be a digression from the main purpose of this meeting. So let's cut to the chase.
그 이야기는 이 모임의 주목적에서 벗어나니, 본론으로 들어갑시다.

Shall we have a coffee break?
커피 타임을 가질까요?

We will consider that matter through further discussions.
우리는 더 논의를 거친 후 그 문제를 고려하겠습니다.

We'll discuss further details later. (We'll talk in more detail later on.)
다음에 더 자세하게 상의하도록 하죠.

We'd like to order A of your products. (We will place an order for A.)
A제품을 주문하고 싶습니다.

We are planning to place a large(volume, bulk) order.
대량 주문을 계획하고 있습니다. (추가 주문 - another order)

Please let us know if you offer a volume discount.
대량 주문 할인을 제공하는지 알려주시기 바랍니다.

How much discount can you offer us if we make a large (cash) purchase?
만약 대량(현금)구매시 어느 정도의 할인을 해줄 수 있습니까?

What's the minimum quantity acceptable to order?
주문 가능한 최소 물량이 어떻게 됩니까?

Can we order the goods at your company's homepage?
귀사 홈페이지에서 그 상품을 주문할 수 있습니까?

We have sent a fax to confirm our order, please check purchase order.
주문을 확인하기 위해 팩스를 보냈으니 주문서를 확인해 주십시오.

What's the turnaround time for the filling of an order?
주문 처리 소요시간이 얼마나 걸립니까?

We will send the money upon receipt of bill (invoice).
청구서(송장)를 받는 대로 대금을 보내드립니다.

We will pay half the total order price in advance of the shipment.
배송 전 전체 주문 가격의 50%를 미리 지불할 것입니다.

When will our order arrive? What's the date of arrival?
저희가 주문한 물건은 언제 도착합니까? 도착 날짜가 언제죠?

How much does we owe for our order? Send us the invoice.
우리 주문에 대해 얼마를 지불해야 합니까? 송장을 보내주세요.

You promised you'd have processed the order till today.
오늘까지 그 주문을 처리하기로 약속하셨습니다.

Please let us know when the item is going(expected) to arrive.
물품이 언제까지 도착할지 알려주시기 바랍니다.

We can ship it upon receipt of your order. Purchase order is required.
주문을 받는 대로 곧 보내 드릴 수 있습니다. 구매 주문서가 필요합니다.

It will be shipped the day after receiving purchase order.
구매 주문을 받은 다음날 물품이 발송될 것입니다.

Sales tax will be added to all orders.
모든 주문품에 판매세가 부가될 것입니다.

Amounts are due upon receipt of invoice.
금액은 청구서 수령 즉시 지불되어야 합니다.

A 10% deposit is payable in advance.
10%의 계약금을 선불로 지불해야 합니다.

We will ship the goods on receipt of your payment.
대금을 받는 대로 물건을 보내 드리겠습니다.

We can send your order next week.
다음 주에 주문하신 것을 보내드리겠습니다.

Shipping is free if you order more than 100.
100개 이상 주문하시게 되면 운송비가 없습니다.

The orders are already packaged up, ready to be sent.
주문품들은 이미 포장이 되어 발송 준비가 되어 있습니다.

The goods are expected to arrive on A.
상품은 A날 도착할 것입니다.

The product will arrive 2 weeks after we receive your order.
상품은 주문하신 후 2주 지나서 도착할 것입니다.

We cannot meet your orders owing to absence of stock.
현재 품절되어 주문을 받지 못합니다.

Cancelled orders are subject to a 10 percent cancellation fee.
취소된 주문품에는 10%의 취소 수수료가 부과됩니다.

Orders are backed up so you need to wait a bit.
주문이 많이 밀려서 조금 기다리셔야 합니다.

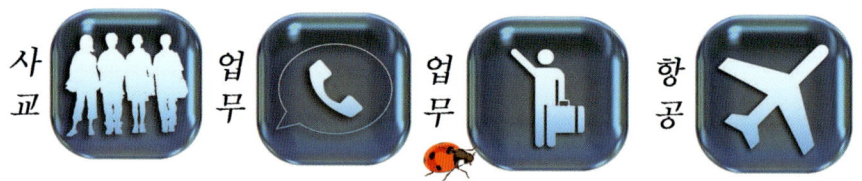

I'd like to arrange a meeting with the purchase staff if possible.
구매직원분과 가능하다면 만남을 잡고 싶습니다.

What's the most convenient date and time for you?
어느 날짜와 시간이 가장 좋습니까?

Do you prefer morning or afternoon? Can you make it at A?
오전, 오후 언제가 좋습니까? A시간 가능하십니까?

I'm sorry I've got a rush job. Can we meet a little later, at A.
죄송하지만 급한 일이 있습니다. A시로 조금 늦추어도 될까요?

I'm afraid I can't make it at that time. May we change our appointment to A?
그 시간에 안 될 것 같습니다. A시로 변경할 수 있을까요?

Sorry for the inconvenience. I hope you understand.
불편을 끼쳐 죄송합니다. 이해해 주십시오.

I'd like to talk to someone in charge of it.
담당자와 이야기하고 싶습니다.

I came here for the purpose of meeting you.
당신을 만나기 위해 여기 왔습니다.

Thank you for your time for me.
저에게 시간을 내주셔서 감사합니다.

We have launched a new product.
신제품을 막 출시했습니다.

It's designed to maximize usefulness and comfort.
그것은 사용성과 편리함을 최대화하게 디자인되었습니다.

The most attractive feature is the most advanced technology and design.
가장 큰 특징은 앞선 기술과 디자인입니다.

Another key aspect is energy efficient and durability.
또 다른 특징은 에너지 효율성과 내구성입니다.

A product is technically superior to its competitors.
A제품은 경쟁제품보다 기술적으로 뛰어납니다.

호텔  교통  음식 관광

This product gives high performance for its price.
이 제품은 가격 대비 성능이 뛰어납니다.

It's very effective in A and useful in B.
이것은 A에 매우 효과적이고 B에 유용합니다.

The warranty period for this product is A.
이 제품의 품질 보증 기간은 A입니다.

We'd like to send you a sample of our product and catalog.
본사의 샘플과 목록을 귀사에 보내고 싶습니다.

Select the products you need in a catalog.
목록에서 필요한 제품을 선택하십시오.

Prices do not include tax and shipping fee.
가격에는 세금이나 배송 비용이 포함되어있지 않습니다.

Delivery takes two weeks after we receive your order.
제품은 주문을 받으면 2주 후에 배송이 됩니다.

We are in receipt of your order for A.
A에 관한 귀사의 주문을 접수했습니다.

Your order will receive our best attention.
귀사의 주문에 성심껏 응해 드리겠습니다.

This order is currently being processed and will be shipped shortly.
이 주문은 현재 처리 중이고 주문품은 조만간 배송될 것입니다.

A products you ordered will be shipped tomorrow morning.
귀하가 주문하신 A제품들은 내일 오전에 발송될 예정입니다.

We are shipping part of your order today.
오늘 귀사의 주문품 일부를 출하합니다.

We have shipped your order by air express mail today.
귀하의 주문품을 오늘 항공 속달편으로 발송하였습니다.

We look forward to receiving your order again soon.
조만간 또 귀하의 주문을 받을 수 있기를 기대하겠습니다.

주문 / 영업 / 거래 / 직무 / 협상 / 제안 / 클레임 / 토론

We attached the invoice and packing list.
송장과 물품 포장목록을 첨부했습니다.

We will send you an invoice for the total price.
전체 가격에 대한 송장을 보내드리겠습니다.

If you have a question about this invoice, let us know.
이 송장에 관해 의문이 있으시면 알려주십시오.

Payment is required within 30 days of invoice date.
송장 날짜로부터 30일 이내에 지불하셔야 합니다.

There was a rush of orders. The goods are in short supply.
주문이 쇄도했습니다. 상품 공급이 딸립니다.

We can't fill the order until A.
A일까지 주문에 맞출 수 없습니다.

Your rush order will be shipped on B.
귀사의 급한 주문품은 B일 발송될 것입니다.

The products you ordered will be sent to the address below.
귀하가 주문하신 제품은 아래의 주소로 발송될 것입니다.

We are unable to fill your order at this time.
이번에는 귀사의 주문에 응할 수가 없습니다.

Payment is due within 3 months of the invoice date.
대금은 송장일로부터 3개월 이내에 지불해 주십시오.

All fares and prices are subject to change without notice.
모든 요금과 가격은 사전 통보 없이 변경될 수 있습니다.

Please check out the packing list for any mistakes.
실수가 있는지 물품 목록을 확인해 주십시오.

We send the attached file, a copy of invoice. This bill is due on A.
송장 사본을 첨부합니다. 이 청구서 지불 기한은 A까지입니다.

We haven't received the payment yet. Please send it as soon as possible.
대금을 아직 못 받았습니다. 가능한 빨리 보내주십시오.

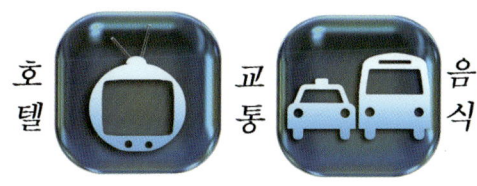

Thank you for your recent order.
최근에 주문해 주신 것 감사드립니다.

We didn't receive the purchase order mentioned in your email.
이메일에서 언급하신 구매 주문서를 받지 못했습니다.

Please check and send it to us if you haven't sent yet.
만약 아직 보내지 않았으면 확인 후 보내주시기 바랍니다.

We will process the order on receipt of your purchase order.
귀사의 구매 주문서를 받는 대로 진행하겠습니다.

Please allow 7 days for shipment when ordering A.
A 주문 시 제품 발송까지 7일이 걸립니다.

Please wait one week while we process your order.
주문을 처리하는 동안 일주일을 기다려 주십시오.

Orders usually go direct from the warehouse to the buyer.
보통 주문은 창고에서 구매자에게 직접 가게 됩니다.

We regret to inform you that we still haven't received your payment.
유감스럽지만 귀사로부터 아직 지불대금을 받지 못함을 알려드립니다.

We have to hold up payment on the invoice for the time being.
당분간 송장 대금 결제를 미루어야겠습니다.

The products we received don't tally with the invoice.
받은 상품들이 송장과 맞지 않습니다.

You've billed us too much for our order.
주문한 것보다 많이 청구가 들어왔습니다.

Please send us another invoice.
송장을 다시 보내주십시오.

Payments will be processed immediately on invoice issue date.
결제는 송장 발급된 날 바로 처리될 것입니다.

We have wired to your account for purchase order A.
A 주문 대금을 귀사의 계좌로 송금했습니다.

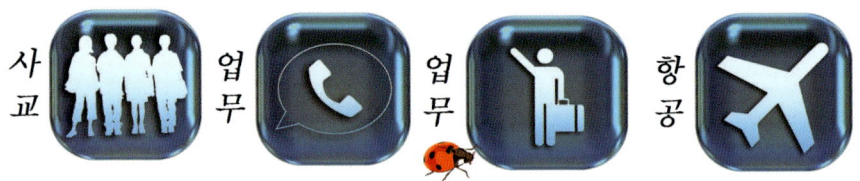

How's work going? Did you execute an order?
일은 어떤가요? 주문은 처리했습니까?

We are unable to process their order till A.
A날까지 주문을 처리할 수 없습니다.

We can fill the order until next Friday.
다음주 금요일까지 주문을 처리할 수 있습니다.

Did we send an invoice? We have to send it for payment.
그들에게 송장을 보냈습니까? 결제대금을 위해 보내야합니다.

Can I get your signature on this invoice, please?
이 송장에 서명 좀 해 주시겠습니까?

What amount of money did we put on the invoice?
송장에 얼마를 적었습니까?

To whom should we send the invoice?
송장을 누구한테 보내면 됩니까?

I'll notify you when the remittance comes in.
송금이 들어오면 알려드리겠습니다.

Our company will send out its bills each month.
우리 회사는 청구서들을 매달 보낼 것입니다.

We have to put in(place) an order for another 100 on A.
A에 대해 100개를 더 주문해야합니다.

Have we received an invoice? What's the date on the invoice?
송장이 왔나요? 그 청구서 날짜가 어떻게 되죠?

Have we gotten an invoice from A company yet?
A 회사에서 송장이 왔나요?

Did you pay on that invoice from A company?
A사에서 보낸 송장은 다 지불했습니까?

Here are the bills due next week.
다음 주까지 내야 될 청구서들입니다.

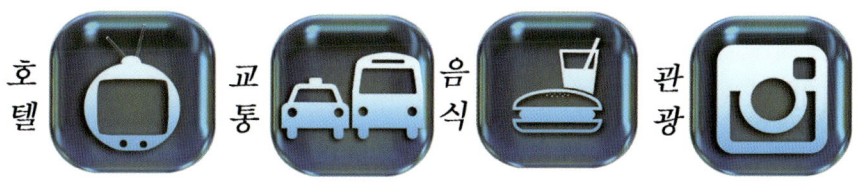

You can order our products at the company web site.
회사 웹 사이트에서 제품을 주문할 수 있습니다.

A remittance or credit card payment must accompany all orders.
주문하실 때는 반드시 송금이나 신용카드결제를 해야 합니다.

If you order over $1000, we pay the shipping charges.
1000달러 이상을 주문하시면 운송료는 저희가 부담합니다.

Orders over $1000 will be sent free of carriage charge.
1000달러이상 주문 시 운송료가 무료로 배달됩니다.

Your order will be delivered within a few days.
주문하신 물품은 며칠 안에 배달이 됩니다.

We had a problem processing your order.
주문을 처리하는 동안 문제가 발생했습니다.

We guarantee to deliver your goods within two weeks.
주문하신 상품을 2주일 안에 배달해 드릴 것을 약속합니다.

We look forward to your another order.
귀사의 추가 주문을 기다리고 있겠습니다.

Please contact your local sales representative to order the goods.
상품을 주문하려면 현지 판매 대리점에 문의하십시오.

Your account has an debt of $1000 for A that was delivered on B.
(Invoice number, Purchase Order number)
B일에 배달된 A상품에 대한 대금 1000달러가 미납입니다.
(송장 번호, 구매 주문서 번호)

A prompt remittance would be appreciated. When can you send remittance?
즉시 송금해 주시면 감사하겠습니다. 언제 송금해 주시겠습니까?

Please accept our thanks for your remittance.
송금해 주셔서 감사합니다.

Your remittance has come to hand. (We have received your remittance.)
송금을 잘 받았습니다.

Shall we have a look at your proposal?
귀사의 제안서를 살펴볼까요?

Let me go over this. It's sensible. I can partly agree to that.
살펴보겠습니다. 합리적이네요. 부분적으로는 동의합니다.

It's worth considering. That's acceptable if you can do this.
고려할만한 가치가 있습니다. 이렇게 하시면 받아들이겠습니다.

We are willing to accept your proposal if conditions are fulfilled.
조건들이 충족되면 당신의 제안을 기꺼이 받아드릴 수 있습니다.

It's not sensible. Let me think about it more.
합리적이지 않습니다. 그것에 대해 생각해 보겠습니다.

Let me have time to think about your suggestion.
당신의 제안을 생각해 볼 시간을 주십시오.

How about we negotiate a new price?
새로운 가격을 흥정하는 것이 어떨까요?

May I suggest a great price? We can offer 5% discount.
좋은 가격을 제안해도 될까요? 5%를 할인해 드리겠습니다.

You can't find better quality at this price.
이만한 가격에 더 좋은 물건은 찾으실 수 없을 겁니다.

You can't find better product at any company.
어느 회사에서든 더 나은 제품을 찾지 못할 겁니다.

We are prepared to accept your additional request.
추가 요구를 받아드릴 준비가 되어있습니다.

Let me tell you what we think about your proposal.
당신의 제안을 어떻게 생각하는지 말해 주겠습니다.

We are willing to undergo any extra charge.
추가 비용은 얼마든지 부담하겠습니다.

We are willing to pay the amount of money you are offering.
우리는 당신이 제안하는 금액을 지불할 의향이 있습니다.

Would you consider a lower price? Think about it, then let us know.
낮은 가격을 고려해주시겠습니까? 생각해 보시고 알려 주십시오.

We have closely examined it. We need to reconsider your offer.
그것을 면밀히 검토해 보았습니다. 당신의 제안을 재고해야겠습니다.

You are cutting price too short. Let me think about it and get back to you.
너무 가격을 깎는 것 같습니다. 생각 좀 해보고 연락드리겠습니다.

If that's what you are offering, then my answer is no.
당신의 제안이 그것이라면 거절하겠습니다.

I'd like to turn down your proposal. I'm afraid I must decline.
당신의 제안을 거절하고 싶습니다. 유감스럽지만 거절하겠습니다.

Due to the budget and other matters, we have to decline your offer.
예산과 다른 문제들로 인해, 당신의 제안을 거절해야만 합니다.

Do you really need to refuse? Put yourself in my place.
정말 거절할 필요가 있습니까? 제 입장을 생각해 보십시오.

It seems like the same proposal we rejected last time.
그것은 우리가 저번에 거절했던 제안과 같은 것 같습니다.

I am sorry, I would disagree with that. I must respectfully decline.
죄송합니다만 동의하지 못 하겠습니다. 정중히 거절하겠습니다.

I'm afraid we have to refuse your offer. We don't have enough money.
당신의 제안을 거절해야 할 것 같습니다. 자금이 충분하지 않습니다.

I feel sorry to say this, but we have to refuse your proposal.
죄송하지만 당신의 제안을 거절해야 합니다.

I am not in a position to accept the offer. I don't have the authority
저는 그 제안을 받아드릴 위치가 아닙니다. 권한이 없습니다.

We'd like to send you our recent brochure and catalog.
최근에 나온 팸플릿과 목록을 보내드리고 싶습니다.

We are a leading company in the A industry.
우리는 A분야에서 앞서가는 회사입니다.

We specialize in A and gradually expand our field to the overseas market.
저희들은 A분야 전문이며 점차 영역을 해외시장으로 넓혀가고 있습니다.

We've been investigating opportunities for the international expansion.
우리는 세계 시장으로 진출할 수 있는 가능성을 탐색해 왔습니다.

We'd like to explore the possibility of a joint venture with your company.
우리는 귀사와 합작 투자의 가능성을 타진하고 싶습니다.

Our technical skills and experiences will lead us to success.
우리들의 기술력과 경험들이 성공으로 이끌 것입니다.

How about two companies set up a fifty-fifty joint venture?
두 회사가 50 대 50 지분으로 합자회사를 설립하면 어떻겠습니까?

We look forward to receiving your favorable reply.
귀사의 호의적인 답변을 기대하겠습니다.

We'd like to receive your reply by A.
A날까지 답변을 기다리겠습니다.

Your suggestion make sense and it's a very attractive proposal.
당신의 제안의 타당성이 있고 아주 구미가 당깁니다.

We'd like to give some consideration to make a contract.
계약을 하려면 좀 더 고려해야할 것 같습니다.

We don't seem to reach an agreement on detailed matters.
세부사항에서 합의에 도달하지 않은 것 같습니다.

Unfortunately we are unable to accommodate your proposal.
유감스럽게도 귀사의 제안을 받아드릴 수 없습니다.

We'd like to explore the possibility of a supply contract.
납품 계약 가능성에 대해 타진하고 싶습니다.

Our product has many advantages and we can offer a variable service.
우리 제품은 많은 장점을 가지고 다양한 서비스를 제공합니다.

We can guarantee you that we can provide the best product.
저희는 최고의 제품을 제공해 드릴 수 있다고 보장합니다.

We can make your company our preferred bidder.
귀사를 우선 입찰대상자로 할 수 있습니다.

What kind of discount can you give us?
얼마나 할인이 가능합니까?

The best we could offer is 20% discount.
우리가 제시할 수 있는 최선은 20%입니다.

It's too expensive than we thought. Our priority is the cost.
생각했던 것보다 비싸네요. 우선 사항은 가격입니다.

We hope that you will consider it from a quality point of view.
질적인 측면에서 고려해 주시기를 바랍니다.

We have to settle our differences. Let's try to work it out.
우리는 우리의 차이를 조정해야 합니다. 해결해 봅시다.

How about 25%? Is that acceptable? Let me hear your opinion.
25%는 어떻습니까? 수락할 만합니까? 의견을 말해주십시오.

Let's try to find a middle ground. That's a little more than I expected.
타협점을 찾아봅시다. 제 생각보다 약간 넘어갑니다.

It's essential for us to get your honest proposal. We hope 30%.
귀사의 진심어린 제안이 필요합니다. 30% 원합니다.

We can accept your proposal on the condition that the payment must be received in advance of shipping.
대금을 받아야 발송한다는 조건 하에 제안을 받아들이겠습니다.

We haven't received our order yet.
우리가 주문한 제품을 아직 받지 못했습니다.

I'm afraid the product delivered is not what we ordered.
우리가 주문한 것과 다른 제품이 배달되었습니다.

We regret to inform you that a few items are missing.
몇 개의 품목들이 빠져 있음을 알려 유감입니다.

We are disappointed about the quality.
제품의 질에 실망하였습니다.

We have inspected the products and found the defective items.
The products are defective.
검사에서 결함이 있는 제품을 발견했습니다. 제품에 결함이 있습니다.

Products are designed differently than we expected.
제품들의 디자인이 우리가 생각한 것과 다릅니다.

Please send us another new products immediately.
즉시 다른 새로운 것들을 보내주시기 바랍니다.

Products are different in size and of inferior quality.
제품들의 크기가 다르고 품질이 저질입니다.

We have to make sure that we need to get a refund.
환불을 받아야 함을 확실히 하겠습니다.

There is a mistake on the bill. Send us the corrected one.
청구서가 잘못 된 것 같습니다. 수정된 것을 보내주시기 바랍니다.

We will pay the bill upon receipt of a corrected invoice.
수정된 청구서를 받자마자 대금을 바로 결제해 드리겠습니다.

We'd like to remind you that your account is long overdue.
귀사의 지불 기한이 많이 지나 알려드립니다.

The new payment due date is A. Please remit the money in time.
새로운 지불기한은 A입니다. 기한 안에 송금해 주시기 바랍니다.

We are sorry to inform you of the cancellation of our order due to the delivery delay.
배송 지연으로 주문을 취소하게 되었음을 알려 유감입니다.

We regret that the product is temporarily out of stock
and delivery is being delayed.
상품이 일시적으로 품절되어 배송이 지연되어 유감입니다.

The products will be shipped by A at the latest.
상품들은 늦어도 A날까지 배송될 것입니다.

We apologize for your inconvenience.
불편하게 해서 죄송합니다.

Please send us defective products immediately by cash on delivery.
결함 상품들을 즉시 착불로 보내주십시오.

We'll ship new products immediately. You can exchange it any time.
새 상품들을 즉시 배송할 것입니다. 언제든지 그것을 교환하실 수 있습니다.

We have no good excuse for our fault. We'll try to improve the quality.
우리 잘못에 대해 변명할 여지가 없습니다. 질 향상을 위해 노력하겠습니다.

If you are not satisfied, we will compensate you for this problem.
만일 만족하지 않으시면, 이 문제에 대해 보상을 하겠습니다.

We're currently working for handling claims.
현재 불만사항을 해결하기 위해 노력하고 있습니다.

If you need any help, just let us know.
저희가 도울 일이 있으면 언제든지 알려 주십시오.

We're willing to help you anytime you need us.
저희가 필요하면 언제든지 도와드리겠습니다.

We'll do our best to satisfy you.
당신을 만족하기 위해 최선을 다 하겠습니다

We must have added it up wrong. We have sent a corrected invoice.
합산을 잘못 한 것 같습니다. 수정된 송장을 보냈습니다.

We have taken action to prevent a recurrence.
재발을 방지하도록 조치를 취했습니다.

We have paid the invoice # by bank transfer (wire transfer).
송장 # 대금을 은행 계좌이체로 송금했습니다.

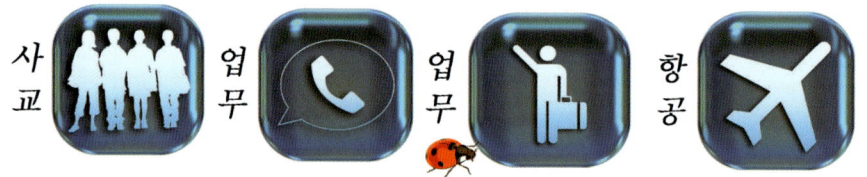

This meeting is held for the purpose of discussing several key issues.
몇 가지 중요한 사안을 논의할 목적으로 이 회의가 열렸습니다.

We need to take minutes of the meeting.
회의록을 작성할 필요가 있습니다.

Now let's go over the minutes of the last meeting.
지난번 회의록을 살펴봅시다.

Let me summarize what had been said at the last meeting.
지난번 회의에서 말한 것들을 요약하겠습니다.

At our last meeting, we all agreed to most items.
지난번 회의에서 대부분의 안건들을 모두 합의하였습니다.

The last meeting had ended inconclusively in a few issues.
지난번 회의에서 몇 가지 사항은 결론을 못 내리고 끝났습니다.

And it seems that we left out a few details at our last meeting.
그리고 지난번 회의에서 몇 가지 세부사항을 빠트린 것 같습니다.

The purpose of the meeting is to discuss a few undecided issues.
이 회의의 목적은 결정되지 않은 몇 가지 현안들을 토론하기 위해서입니다.

As I told you at last meeting, we have to decide on this item.
지난번 회의에서 말씀드렸던 것처럼 이 안건을 결정해야 합니다.

We have to review the project and evaluate the proposals from A company.
프로젝트를 검토하고 A업체가 낸 제안서를 평가해야 합니다.

Another important issue is to decide on the product availability.
또 다른 중요한 문제는 제품의 출고 여부를 결정하는 것입니다.

Please look over and let me have your decision.
검토 후 결정을 내려 주십시오.

Today's meeting was more productive than the last meeting.
오늘 회의는 지난번보다 더 생산적이었습니다.

What's the purpose of the meeting?
무슨 회의를 하는 겁니까?

Export orders decreased in the last month.
수출 주문이 지난 달에 감소했습니다.

We are expecting that stock price will go down.
주식가격이 떨어질 것으로 예상하고 있습니다.

It looks like we are in a serious situation.
우리는 심각한 상황에 있는 것 같습니다.

What is the most pressing issue?
가장 시급한 현안은 무엇입니까?

We have to find new ways to increase the productivity and profit.
생산성과 이익을 증가시키기 위한 새로운 방법들을 찾아야 합니다.

We have to figure out which parts of the budget can be trimmed without affecting productivity.
생산성을 해치지 않는 범위 내에서 예산의 어느 부문을 삭감할 수 있는지 알아보아야 합니다.

We should try to come up with new ideas to solve the issue.
문제를 해결할 새로운 방안들을 생각해 보아야만 합니다.

In your experience, what is the best way to increase sales?
당신의 경험으로 볼 때, 매출을 증가시키기 위한 최선책이 무엇일까요?

Considering the profit, the new project might be the best option.
이익을 고려할 때 새 프로젝트가 최선일 것으로 보입니다.

I appreciate your suggestion. Let's discuss it now to make a decision.
제안해 주서서 감사드리며, 결정을 위해 지금 논의하겠습니다.

The motion passed by unanimous decision.
동의안이 만장일치로 통과 되었습니다.

Thank you for offering your opinions. Let's finish the meeting.
여러분의 의견들에 감사드립니다. 이만 회의를 끝내겠습니다.

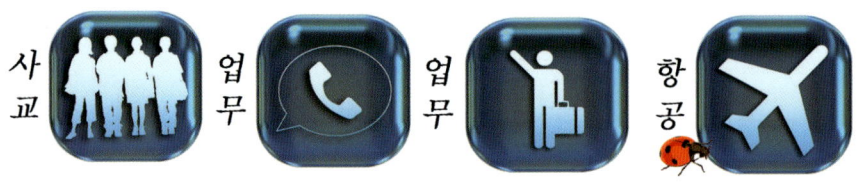

I'd like to make a plane reservation?
비행기를 예약하려고 합니다.

I am going to go to A from here.
이곳에서 A로 가려고 합니다.

I would like to leave on June 17. Is it available?
6월 17일 비행기를 예약하고 싶습니다. 가능하나요?

How often do you have flights?
비행기가 얼마나 자주 있나요?

I'd prefer a morning flight. Is it possible?
아침 비행기를 타고 싶은데 가능한가요?

What time does the first(last) flight leave?
첫(마지막) 비행기가 언제 출발하나요?

I can only take a flight that leaves in the evening.
오직 저녁 비행기만 탈 수 있습니다.

I can leave at anytime.
어느 시간이든 좋습니다.

Round trip ticket. (one way ticket.) My return date is -.
왕복표(편도)를 원합니다. 돌아올 날은 -입니다.

On return flight, I would prefer to depart in the morning.
돌아올 때 아침 비행기를 타고 싶습니다.

How much is the flight ticket? Economy class. (Business, First class)
비행기표 값이 얼마입니까? 이코노미석요. (비즈니스, 일등석)

I'm calling to confirm my flight.
비행기 탑승을 확정하려고 전화했습니다.

 How can I help you?
무엇을 도와 드릴까요?

 I would like to book a flight from A to B.
A에서 B로 가는 비행기를 예약하고 싶은데요?

 What date would you like to go?
언제 가실 겁니까?

 I need a flight on -. Is it available?
-일입니다. 가능한가요?

 Hold on please. Let me check. We have one flight.
But all seats are booked. We've got only next day flight.
잠깐만요. 확인해 볼게요. 비행기편이 1대 있는데
좌석은 모두 다 예약이 되었습니다. 다음날 비행기만 있습니다.

 All right. Book me for that flight. Economy class.
알겠습니다. 그 비행기로 예약해주세요. 이코노미석으로요.

 Would you like one way ticket or round trip ticket?
편도인가요? 왕복인가요?

 Round trip. I'll be returning on -.
왕복입니다. -일에 돌아오려고 합니다.

 Returning flight will depart from A at - am.
오는 편은 A공항에서 오전 -시에 출발합니다.

 Could you tell me my flight and reservation number?
비행기와 예약 번호를 말해 주시겠습니까?

 OK. Confirm your reservation 3days before your traveling date.
알겠습니다. 여행가기 3일 전 예약을 확인해주세요.

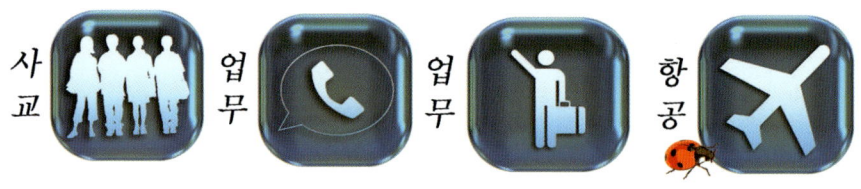

I'd like to check in. I am flying to Paris.
체크인 하고 싶은데요. 파리로 갑니다.
I have booked airline tickets online.
인터넷으로 비행기를 예약했습니다.
Here you are. My ticket and passport.
여기 제 티켓과 여권입니다.
Can I have a window seat, please?
창가 좌석이 있습니까?
Can I have a seat closest to the lavatory?
화장실 근처 좌석이 있습니까?
Where can I check my luggage?
짐을 어디서 부치죠?
I have these two baggages.
가방 두 개가 있습니다.
Do I have to pay extra charge if I check in more than one bag?
가방 1개 이상일 경우 추가요금을 지불해야 합니까?
There are fragile items in my bag.
제 가방에 깨지기 쉬운 것들이 있습니다.
Could you attach fragile sticker on my bag?
파손주의 스티커를 제 가방에 붙여 주실래요?
Can I bring this bag on the plane?
이 가방은 비행기로 가져가도 되나요?
I am in a hurry. My flight will begin boarding soon.
May I be excused to jump the line?
지금 급합니다. 제 비행기가 곧 탑승을 시작합니다.
줄을 건너뛰어도 될까요?

May I see your ticket and passport?
티켓과 여권 좀 주실래요?

Here you are.
여기 있습니다.

Do you prefer window or aisle?
창가나 복도 쪽 어느 좌석을 원하십니까?

Can I have a window seat, please?
창가 좌석이 있습니까?

I am afraid, there are only aisle seats available.
죄송하지만 안쪽 좌석 밖에 남은 것이 없습니다.

How many luggages are you checking in?
짐이 몇 개입니까?

I have just one baggage.
가방 한 개만 있습니다.

Are there any fragile items in your bag?
가방에 깨지기 쉬운 것들이 있습니까?

Can you place your bag up here?
가방을 이곳에 올려주실래요?

Your luggage is 10 pounds over the limit.
10파운드 초과되었군요.

You have to pay additional charge for overweight baggage.
초과 중량 가방에 대해 추가로 돈을 더 지불해야 합니다.

OK. (Could you please let it go?)
알겠습니다. (그냥 지나치면 안 될까요?)

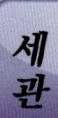

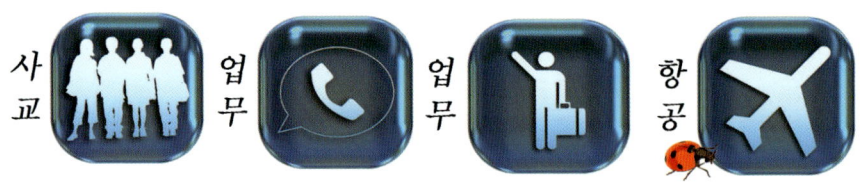

Sorry for being late.
I can't miss my flight. I must go.
늦어서 죄송합니다. 비행기를 놓칠 수가 없습니다. 가야만 해요.
If I couldn't check in baggages,
can I board a flight myself except my baggages?
짐을 체크인 할 수가 없다면,
짐을 제외하고 저만 비행기에 타면 안 되나요?
And could you please send my baggages on the next flight?
그리고 짐은 다음 비행기 편으로 보내줄 수 있나요?
It's boarding time. May I be excused to skip the line?
탑승시간이네요. 줄을 지나쳐도 될까요?
I ask for your understanding. I can't wait till my turn comes.
이해를 해주세요. 제 차례까지 기다리지 못하겠습니다.
Should I take my shoes (outwear, coat, belt) off?
제 신발(겉옷, 코트, 벨트)을 벗어야하나요?
I emptied all my pockets.
주머니를 모두 비웠습니다.
Do I need to walk through the gate again?
문을 한 번 더 통과해야 하나요?
I am not carrying any restricted items.
금지 품목은 가지고 있지 않습니다.
I don't have any flammable materials.
가연성 물질은 가지고 있지 않습니다.
I've removed all my metal objects.
금속 제품은 다 꺼내놨습니다.
How do I get to the - gate?
- 번 탑승구로 어떻게 가죠?

 Come here. Did you empty your pockets?
이쪽으로 오세요. 호주머니는 다 비웠나요?

Yes. I had an operation for bone fracture.
뼈가 골절되어 수술을 받았습니다.

So I have a metal plate in my leg.
그래서 제 다리에 금속판이 있습니다.

Here is a doctor's note.
여기 의사 소견서가 있습니다.

You need to have a full body scan and body search.
전체 몸 스캔 검사와 몸수색이 필요합니다.

Nothing special. Enjoy your trip.
특별한 것이 없네요. 즐거운 여행 되세요.

When does the flight start boarding?
언제 비행기 탑승을 시작하죠?

Will this flight leave on time?
비행기가 제 시간에 출발하나요?

Flight is expected to take off since the weather has improved.
비행기는 기상 상태가 나아지는 대로 이륙할 것입니다.

Could you show me your boarding card? Go straight.
탑승권 좀 보여 주실래요? 똑바로 가세요.

Someone is sitting in my seat.
누가 제 자리에 앉아있네요.

Could you arrange it for me?
확인해서 처리해 주실래요?

Excuse me. I believe you are in my seat.
실례합니다. 제 자리인 것 같은데요.

May I get through?
지나가도 될까요?

Could you help me find somewhere to put my luggage?
짐을 넣을 만한 곳을 찾아 주실래요?

May I change seat with you?
저와 자리를 바꿀 수 있겠습니까?

My wife and I would like to sit together.
집사람과 제가 함께 앉고 싶습니다.

Can I move over there?
저쪽으로 자리를 옮겨도 되나요?

Would you mind speaking more quietly?
좀 조용히 말을 해주실래요?

Would you mind not putting your bag here?
여기에 가방을 놓지 말아주실래요?

Would you mind not kicking me? Please, stop kicking.
의자를 차지 말아줄래요?

I can't endure your foot odor. Do you mind moving your foot?
발 냄새를 더 이상 참을 수가 없네요. 발 좀 치워주실래요?

This headphone is not working.
Will you get me another headset?
헤드폰이 고장 났네요. 다른 헤드폰 좀 주실래요?

I feel like vomiting. May I have an airsickness bag?
토할 것 같습니다. 멀미 백 좀 주실래요?

Can I get something to drink?
마실 것 좀 부탁합니다.

What seems to be the problem?
무슨 일이지요?

I'm feeling under the weather.
몸이 불편해요.

Do you have any first-aid (emergency) medicine for airsickness?
멀미약 (구급약, 비상약)이 있으세요?

I'll get you airsickness medicine.
멀미약을 드리겠습니다.

Thank you. I want to lie down for a while. I feel dizzy.
감사합니다. 잠깐 누워있고 싶습니다. 어지럽군요.

We are taking orders for dinner.
저녁 식사 주문을 받습니다.

Would you prefer chicken, fish or beef steak?
치킨과 생선, 비프스테이크 중 어느 것을 드실래요?

I'll have beef steak.
비프스테이크를 주세요.

Please put your tray down in front of you.
선반을 앞으로 내려 주실래요?

Would you like to have something to drink?
음료수는 무엇을 드릴까요?

Orange juice, please.
오렌지 주스 주세요.

May I have another Disembarkation Card and Customs Declaration?
입국신고서, 세관신고서 한 장 더 주실래요?

Can I borrow a pen?
펜 좀 빌릴 수 있을까요?

209

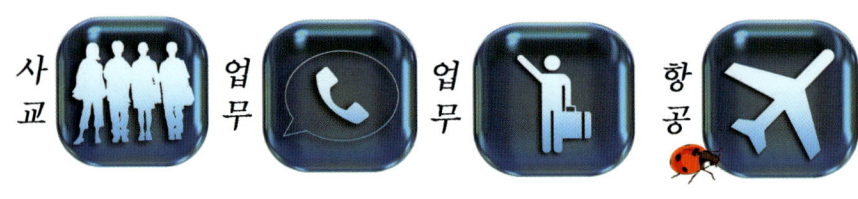

My flight arrived late.
제 비행기가 늦게 도착했습니다.
Can I check in now even though cut off time has passed?
마감 시간이 지났지만, 체크인 할 수 있나요?
Do you have any other flights available today?
오늘 이용할 수 있는 다른 연결편이 있습니까?
Am I go-show passenger? How long do I wait more?
제가 대기승객이나요? 얼마나 더 기다려야 하나요?
Do I need to stay at the airport?
공항에서 머물러야 하나요?
If there are any seats available, would you please call me at this number?
만약 자리가 생기면 이 번호로 전화를 해 주실래요?
Can you see if there is connecting flight available?
이용할 수 있는 비행기 연결편이 있는 지 알아봐 주실래요?
Can you help me find an alternate flight?
대체 비행기 편을 찾아봐 주실래요?
Is there any chance flight can be cancelled due to bad weather condition?
기상 악화로 비행기가 취소될 가능성이 있나요?
My flight has been cancelled due to bad weather.
Can you reschedule me on the next available flight?
비행기가 기상 악화로 취소되었는데,
다음 가능한 비행기로 바꾸어줄 수 있나요?
Will the airline pay for my hotel room if I have to spend the night?
밤을 보내게 되면 비행기회사에서 호텔 비용 을 지불해 주나요?
Do I have to pay for a hotel room?
제가 호텔 비용을 지불해야 하나요?

My flight was delayed and I missed connecting flight.
비행기가 연착되어 환승 비행기를 놓쳤습니다.

I want to reserve a next flight as soon as possible.
가능한 빠르게 다음 비행기를 예약해 주세요.

Hold on please. Let me check.
잠깐만요. 확인해 볼게요.

Can I take an alternative flight?
대체 비행기를 탈 수 있나요?

We have just one flight. But all seats are booked.
비행기 편이 단지 1대만 있는데 좌석은 다 예약이 되었습니다.

What if there are no more connecting flights for today?
오늘 비행기 연결 편이 없으면 어떻게 해야 하나요?

We've got only next day flight.
다음날 비행기만 있습니다.

Do you want me to put your name on the waiting list?
대기자 명단에 올려 드릴까요?

Please put me on the waiting list.
저를 대기자 명단에 올려주세요.

Is there any chance of getting the ticket?
티켓을 받을 가능성이 있나요?

If my reservation is confirmed, please let me know.
만약 예약이 완료되면 알려주세요.

I expect good news.
좋은 소식 기다리겠습니다.

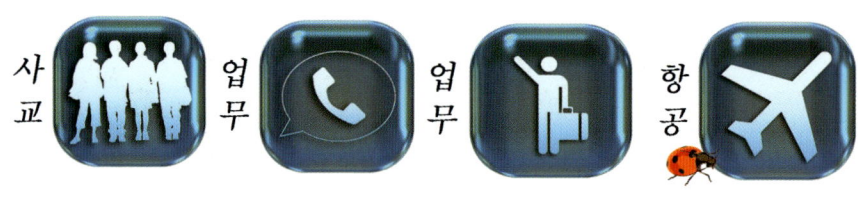

Where is the baggage claim area?
수하물 찾는 곳이 어디죠?
Where can I take my baggage from Seoul?
서울편 항공기 가방을 어디에서 찾지요?
Is the trolley free?
카트가 무료이나요?
My baggage seems to be missing.
가방을 잃어버린 것 같아요.
I've been waiting for 30 minutes.
30분이나 기다렸습니다.
My baggage had not yet arrived.
제 가방이 아직 도착을 안 했네요.
I can't find my bag anywhere.
어디에서도 제 가방을 찾지 못하겠습니다.
Where is the Baggage Service Office (Baggage Claim Office)?
수하물 담당 사무실이 어디 있지요?
Who is in charge of missing baggage?
누가 분실물 담당 책임자이죠?
I'd like to report to a baggage service agent about my missing baggage.
수하물 담당자에게 저의 잃어버린 짐에 대해 보고해야겠습니다.
My baggage is a little bit damaged.
제 수하물이 조금 손상이 되었네요.
I want to speak with someone who is responsible for damaged baggage.
손상된 수하물 담당 책임자와 이야기하고 싶습니다.

 My baggage hasn't come out yet.
제 가방이 아직 나오지 않았거든요.

What does your bag look like?
가방이 어떻게 생겼지요?

 My bag is blue color trolley bag.
제 가방은 푸른색 바퀴 달린 가방입니다.

I have been waiting until now, but it hasn't come out yet.
지금까지 기다렸는데 아직 안 나왔습니다.

Your baggage should be out by now.
당신의 짐이 벌써 나왔어야 됩니다.

There is no similar baggage.
비슷한 짐도 없습니다.

What should I do to get my lost baggage back?
잃어버린 가방을 찾으려면 어떻게 하죠?

What flight did you arrive on?
어느 비행기로 도착하셨죠?

I flew on Delta airlines.
델타 비행기를 타고 왔습니다.

Do you have your baggage claim tag?
수하물표를 가지고 계십니까?

Yes. What happens if my baggage is lost?
네. 가방을 잃어버리면 어떻게 하죠?

We have to investigate.
조사를 해보아야 합니다.

As soon as your baggage is found,
we will contact you to arrange delivery.
가방이 발견되면 바로 당신에게 연락하여 보내드리도록 하겠습니다.

213

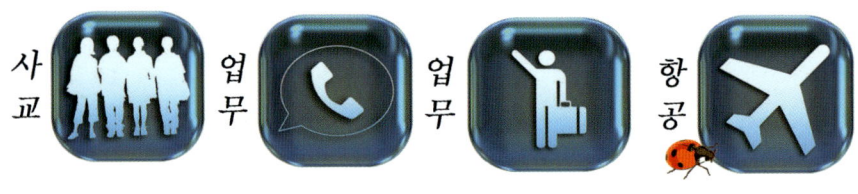

Here is my passport and immigration form.
여기 제 여권과 입국신고서가 있습니다.

I am here for business. (To attend the seminar)
사업차 왔습니다. (세미나 참석)

I am here for sightseeing. (For travel)
관광차 왔습니다.

I am here for visiting my relatives.
친척들을 방문하려고 왔습니다.

I was previously permitted by ESTA
(Electronic System for Travel Authorization, 전자여행 허가).
ESTA로 미리 여행 허가를 받았습니다.

I am going to stay at A Hotel.
A 호텔에 머물 예정입니다.

I will be staying with my relatives.
친척과 같이 지낼 것입니다.

I plan to find cheap hotel or guest house in downtown.
시내에서 싼 호텔이나 게스트 하우스를 찾을 계획입니다.

I'll be staying for one week.
1주 동안 머무를 예정입니다.

I'm going back to Korea next week.
다음 주에 한국으로 돌아갑니다.

I made a reservation for returning flight.
돌아가는 비행기 편을 예약했습니다.

I will use my credit card and I have about $500 in cash.
신용카드를 사용할 것이고, 현금은 약 500불정도 있습니다.

 Welcome. May I see your passport and immigration form?
환영합니다. 여권과 입국신고서를 주실래요?

 Here you go.
여기 있습니다.

 What's the purpose of your visit?
무슨 일로 오셨습니까?

 I am here on business.
일 때문에 왔습니다.

I'll be attending the seminar.
세미나에 참석하러 왔습니다.

 Have you ever been issued a VISA?
비자를 발급받으신 적이 있습니까?

 Yes. But my VISA has expired a few years ago.
예. 하지만 저의 비자는 몇 년 전 기간이 만료되었습니다.

I have received approval via the ESTA.
ESTA로 여행허가를 받았습니다.

 How long will you be here?
얼마나 있으실 계획입니까?

 5 days.
5일입니다.

 Where are you going to stay here?
어디에서 머무르실 겁니까?

 A Hotel in New York.
뉴욕의 A 호텔입니다.

215

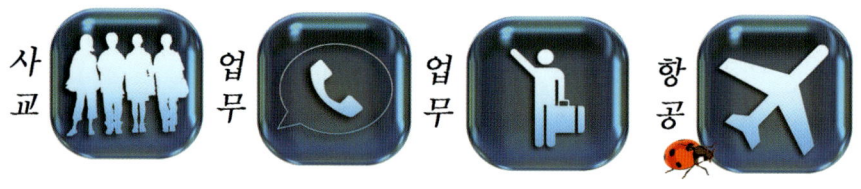

I've nothing to declare.
신고할 것이 없습니다.

I don't have anything to declare.
신고할 것이 없습니다.

I have just my personal belongings.
개인적 물건들만 있습니다.

That's my cold medicine.
감기약입니다.

Those are red pepper paste(chilli paste) and laver.
그것은 고추장과 김입니다.

This is Korean food.
이것은 한국의 음식입니다.

I put a check mark in food item.
음식반입 항목에 체크하였습니다.

I bought this at the duty free shop.
이것은 면세점에서 샀습니다.

I don't have any restricted items.
금지 품목은 가지고 있지 않습니다.

I bought just one bottle of liquor.
술은 한 병만 샀습니다.

It's present for my friend.
그것은 친구를 위한 선물입니다.

These are gifts for my relatives.
이것들은 친척들 선물입니다.

호텔  교통  음식  관광

예약

발권

탑승

 Over here. May I have your customs declaration?
이곳으로 오세요. 세관신고서를 주실래요?

 Here you are.
여기 있습니다.

 Do you have anything to declare?
신고하실 것이 있으십니까?

 No, I don't. Just my personal belongings.
아닙니다. 개인적 물건들만 있습니다.

 You are supposed to declare expensive items.
비싼 것은 세관에 신고해야 합니다.

Will you open your bag?
가방을 좀 열어 주실래요?

Are you bringing in fruits?
과일을 가지고 있나요?

기내

 No.
없습니다.

 What do you have in this pack?
이 포장 안에는 무엇이 있죠?

연착

 This is Korean food, Kimchi. I put a check mark in food item.
이것은 한국의 김치입니다. 음식반입 항목에 체크하였습니다.

 OK. Everything is cleared.
됐습니다. 끝났습니다.

수하물

 May I close my bag?
가방을 닫아도 될까요?

 Yes, you may. Enjoy your trip.
예, 좋습니다. 즐겁게 보내세요.

입국

세관

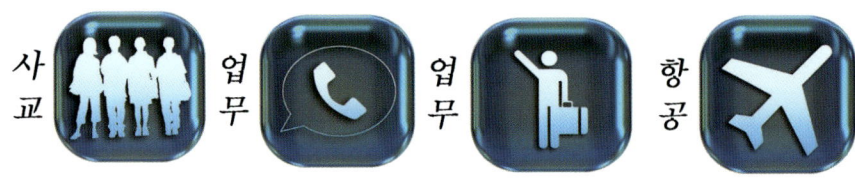

I'd like to reserve a room.
방을 예약하고 싶습니다.
I am going to stay for 10 days.
10박을 원합니다.
I am planning to stay A through (=till) B.
A일부터 B일까지 머무를 예정입니다.
I'll be alone, so I need a single room.
혼자여서 싱글 룸만 필요합니다.
I need a room for 3 people.
3명이 사용할 방이 필요합니다.
I'd like to get a twin room or double standard room.
트윈 룸 또는 더블 스탠더드 룸을 예약하고 싶습니다.
Are the rooms facing the ocean more expensive?
바다가 보이는 곳이 더 비싼가요?
I'd like to reserve a nonsmoking room facing the ocean.
금연실 바다가 보이는 방으로 해주세요.
What's the charge per night?
하루에 얼마이죠?
Do you have anything cheaper?
더 싼 것은 없나요?
The price is acceptable. Do I have to pay upfront?
가격이 괜찮군요. 미리 선불로 계산해야 하나요?
Do you need my credit card number as a guarantee?
보증으로 신용카드 번호가 필요한가요?
I'm calling to cancel my reservation.
예약을 취소하려고 전화했습니다.

 호텔  교통  음식  관광

예약

I'd like to make a reservation.
방을 예약하고 싶습니다.

When are you going to stay in this hotel?
언제 이 호텔에 머무르실 겁니까?

I want a room from A to B.
A일부터 B일까지 머무를 예정입니다.

How many people will be staying in the room?
몇 명이 머무르실 거죠?

A total of four. Two adults and two children.
모두 4명인데 성인 2명, 어린이 2명입니다.

What kind of room do you want?
어떤 방을 원하세요?

I want a twin room.
트윈 룸을 원합니다.

I am afraid, no twin room is available.
죄송합니다만 트윈 룸이 없군요.

How about a double room, sir?
더블 룸은 어떠세요?

OK. I'll reserve it. What's your rate?
좋습니다. 그 방을 예약할게요. 가격이 얼마이죠?

200$ per night. And your credit card details are required as a guarantee for the hotel in case you don't arrive or cancel too late.
1박에 200불입니다. 신용카드 정보는 당신이 도착하지 않거나 늦게 취소한 경우에 대한 보증으로 필요합니다.

숙소

체크인

룸서비스

업무

생활

불편사항

체크아웃

 사교
 업무
 업무
 항공

Do you have any rooms available?
이용할 수 있는 방이 있나요?
What's the price per night?
하룻밤에 얼마이죠?
Is there anything cheaper?
더 싼 것은 없습니까?
I am going to need the room until -.
까지 방이 필요합니다.
Are there any other hotels nearby?
근처에 다른 호텔이 있나요?
Could you recommend another hotel nearby?
근처 호텔을 추천해 주실래요?
I'd like a hotel near the beach.
해변 근처 호텔을 원합니다.
I am looking for a low monthly rent house.
저렴한 월세집을 찾고 있습니다.
I'd like to rent a cheap and clean room.
싸고 깨끗한 방을 구합니다.
I want it, as little as 200 dollars and as much as 400 dollars.
최소 200달러에서 400달러로 원합니다.
How much is the monthly rental fee?
한달 임대료가 얼마죠?
That's way too much. It's expensive. I was thinking $ -.
너무 많은데요. 비싸군요. -정도로 생각했습니다.
How about $ -? I can't pay much more than that.
-가 어떤가요? 그보다 많이 지불하지 못합니다.

We don't have a reservation.
예약은 안 했습니다.

What's the charge for a night?
하룻밤에 방값이 얼마이죠?

Our rooms start at $150 for a standard room and go up to $500 for a suite.
스탠더드 룸 150불에서 스위트 룸 500 불까지 있습니다.

Is there any room available?
이용할 수 있는 방이 있나요?

I'll check the reservation.
예약을 확인해 보겠습니다.

How large is your party?
일행이 몇 분이지요?

There are three of us.
3명입니다.

How many rooms do you need?
방이 몇 개 필요하신가요?

We want just one twin room.
트윈 룸 하나를 원합니다.

We only have double rooms. Will that be ok?
더블 룸만 있습니다. 괜찮으십니까?

OK. We want a room with ocean view.
알겠습니다. 바다 전망이 있는 방을 주세요.

How many days would you like the room for?
며칠을 머무르실 거죠?

We need the room for 2 nights.
2박을 원합니다.

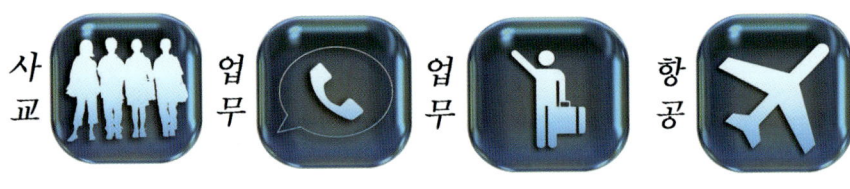

I am afraid I am running late. My plane was delayed.
죄송하지만 늦겠는데요. 비행기가 연착했어요.
Will you hold my hotel reservation another hour?
호텔 예약 시간을 늦추어도 될까요?
I'll be there within several hours.
2-3시간 안에는 도착할 것 같습니다.
I made a reservation online under the name of -.
인터넷으로 - 이란 이름으로 예약을 했습니다.
Do I have to fill out all the items?
이 항목들을 전부 써야 하나요?
Do I have to pay upfront?
선불로 지급해야 하나요?
Why do you take my credit card details?
왜 신용카드 정보가 필요하죠?
What floor is the room on?
방이 몇 층이지요?
Is breakfast included in the price?
아침이 가격에 포함되어 있나요?
Where is the restaurant?
식당이 어디에 있죠?
What time does breakfast start and finish?
아침식사 시간이 언제 시작하고 끝나나요?
Can I get one more room key?
방 키를 하나 더 주실래요?
Could you take my baggage up to the room?
방으로 가방을 올려주실래요?

 I'd like to check in, please.
체크인 하려는 데요?

I have a reservation under the name of -.
- 이란 이름으로 예약했습니다.

 Could you fill out this registration card?
이 등록카드를 작성해 주실래요?

 Should I present the credit card at check in?
체크인 할 때 신용카드를 제시해야 하나요?

 We take your card to guarantee payment of any incidental charges.
발생비용에 대한 보증으로 카드를 결재해 놓습니다.

 Does the room rate include breakfast?
숙박료에 아침이 포함되어 있나요?

 Yes. Do you need any help with your baggage?
네. 가방을 들어줄 분이 필요한가요?

 Yes. Can I use WiFi at anywhere?
네. 어디서든지 와이파이를 사용할 수 있나요?

 You can. It's free.
어디에서든 됩니다. 무료입니다.

 Would you tell me ID and password?
사용자 이름과 비밀번호를 말해주실래요?

Please take this big one. I'll take my bags myself.
이 큰 것을 들어주세요. 가방들은 제가 가져갈게요.

Just put it on the floor. This is a tip for you.
그냥 바닥에 두세요. 여기 팁입니다.

 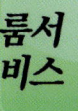    

 사교
 업무
 업무
 항공

This is room 1004. Is room service available now?
여기는 1004호실입니다. 지금 룸서비스가 가능한가요?

I'd like to order American breakfast.
아메리칸 식사를 주문하고 싶습니다.

When will my order be ready?
언제 주문이 준비가 되죠?

Can you rush my order?
주문한 것을 빨리 주실래요?

We have to leave as soon as possible.
우리는 가능한 빨리 출발해야 합니다.

I'd like to order a restock on minibar.
미니바를 다시 채워주실래요?

My room hasn't been cleaned yet.
제 방이 아직 청소가 안 되었습니다.

Could you please make up my room?
제 방을 청소해 주실래요?

Can I get an extra blanket and pillow?
담요와 베개를 더 얻을 수 있나요?

All the tissue paper is gone.
티슈가 다 떨어졌어요.

We don't have enough bath towels.
수건이 충분하지 않아요.

We need more towels.
수건이 더 필요합니다.

Could I get another towel and amenities like soap and shampoo?
수건과 비누, 샴푸를 더 주시겠어요?

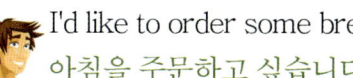
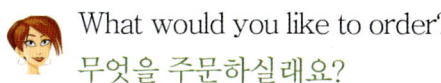

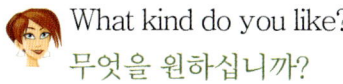

I'd like to order some breakfast.
아침을 주문하고 싶습니다.

What would you like to order?
무엇을 주문하실래요?

I'd like to order Continental breakfast.
콘티넨털 식사를 주문하고 싶습니다.

What kind do you like?
무엇을 원하십니까?

I want bagels, yogurt, bananas and orange juice.
베이글, 요구르트, 바나나와 오렌지 주스를 주세요.

I am in a hurry. Would you speed up my order?
지금 바쁩니다. 주문한 것을 빨리 주실래요?

We'll send up to you right away.
지금 바로 보내겠습니다.

I would like to ask for the laundry service.
세탁 서비스에 대해서 알고 싶습니다.

I want get my shirts cleaned.
셔츠를 세탁 맡기고 싶습니다.

When will I get it back if I send it out now?
지금 세탁을 맡기면 언제 받을 수 있지요?

Can I get it back tomorrow morning?
내일 아침에 받을 수 있나요?

Yes. You can get them back until tomorrow 8 am.
네. 내일 아침 8시까지 돌려받을 수 있습니다.

Would you send someone to get my shirts?
제 셔츠를 가져갈 누구를 좀 보내주실래요?

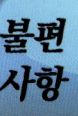
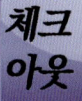

Can I have a wake up call?
모닝콜 부탁합니다.

I'd like to get up at 7 am.
아침 7시에 일어나길 원합니다.

I'd like to change wake up call tp 6 am.
모닝콜을 아침 6시로 바꾸고 싶습니다.

I'd like to cancel wake up call.
모닝콜을 취소하고 싶습니다.

Can I use the Internet in this room?
이방에서 인터넷을 사용할 수 있습니까?

Can I use WiFi at anywhere?
와이파이를 어디에서나 할 수 있나요?

I need ID and password for access to WiFi.
와이파이에 접속하기 위한 사용자 이름과 비밀번호가 필요합니다.

Can I use the computer lab in the lobby?
로비의 컴퓨터실을 이용할 수 있나요?

Can I use your fax?
팩스를 이용할 수 있나요?

I need to make some copies.
복사할 것들이 있습니다.

What if I need to print something?
프린트 할 것이 있으면 어떻게 하지요?

I need a porter to help me.
짐 운반을 도와줄 사람이 필요합니다.

Electric outlet is not working.
전기 콘센트가 작동 안 되는데요.

Can I use the internet?
무선 인터넷을 사용할 수 있나요?

Guest room has a free internet.
객실은 무료 인터넷선이 있습니다.

Just plug the Ethernet cable into your computer.
유선케이블을 컴퓨터에 꽂으시면 됩니다.

My laptop has no Ethernet port, it's wireless only.
제 노트북은 유선은 없고 무선만 됩니다.

WiFi can be available at anywhere. It's free.
와이파이는 어디에서든 됩니다. 무료입니다.

I can't log on. It's asking me for a password.
로그인이 안 되네요. 비밀번호를 물어보는군요.

Would you tell me ID and password?
아이디와 비밀번호를 말해주실래요?

OK. ID is A hotel. The password is 1004.
네. 아이디는 A호텔, 비밀번호는 1004입니다.

Can I send a fax from here?
이곳에서 팩스를 보낼 수 있나요?

Yes you can. We offer fax service.
네. 팩스 서비스를 제공하고 있습니다.

Could you give me a wake up call tomorrow morning?
내일 아침 모닝콜 좀 부탁합니다.

What time would you like your wake up call?
모닝콜 몇 시로 해드릴까요?

7 AM, please.
7시에 모닝콜 해주세요.

사교  업무  업무  항공

How can I use the room safe? I can't open the safe.
방 금고를 어떻게 쓰지요? 금고가 열리지 않습니다.

I have some valuables. Can I deposit my valuables?
귀중품들이 있습니다. 제 귀중품을 맡길 수 있나요?

May I have my stuff back?
제 물건을 주실래요?

I need to get a taxi. Can you call a taxi for me?
택시가 필요합니다. 택시를 불러 주실래요?

May I leave my room key?
룸 키를 맡겨도 될까요?

Give me room key, please.
룸 키를 주시겠습니까?

I'm locked out of my room. I left my key in my room.
문이 잠겼습니다. 방에 키를 두었네요.

Is there somewhere I can exchange money around here?
이 주변에 환전 할 곳이 있나요?

Is this service free? or do I have to pay for it?
이 서비스가 무료인가요? 계산을 해야 하나요?

Please, make the bed. And we need more bath towels.
침대를 정리해 주세요. 그리고 목욕수건이 더 필요합니다.

You don't need to clean our room.
우리들 방은 청소를 안 하셔도 됩니다.

All the toilet paper is gone.
화장지가 다 떨어졌습니다.

I need more amenities like soap, lotion, and shampoo.
비누, 로션, 샴푸 같은 편의용품이 더 필요합니다.

Can I help you?
무슨 일이시죠?

I must have locked my key in my room.
방안에 키를 놓고 잠갔나 봅니다.

I can't find my key anywhere.
키를 찾을 수가 없네요.

Will you open my room?
문 좀 열어 주실래요?

OK Sir. Don't worry. I'll give you another extra key.
알겠습니다. 걱정마세요. 여분의 방 열쇠를 드리겠습니다.

I have got a little problem. Room key is not working.
문제가 있습니다. 방 키가 작동하지 않습니다.

I'll take care of it right away.
지금 바로 처리해 드리겠습니다.

I'd like to deposit my valuables.
귀중품을 맡기고 싶습니다.

How long would you like us to keep it?
언제까지 맡겨 두실 건가요?

Until the day after tomorrow.
모레까지요.

Would you fill out this form please?
이 서류를 작성해 주실래요?

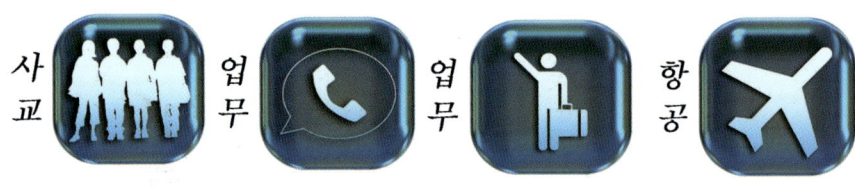

I'm calling about a problem with my room.
방에 문제가 있어 전화했습니다.
This is Mr. Kim in room 1004.
1004호실 미스터 김입니다.
My room is too cold. Air conditioner may be not working.
방이 너무 추워요. 에어컨이 작동하지 않나 봅니다.
My room is too hot. The switch of air conditioner doesn't work.
방이 너무 더워요. 스위치가 고장입니다.
The light is not working. Light bulb has gone out.
불이 안 켜집니다. 전구가 나갔습니다.
Refrigerator doesn't work.
냉장고가 작동이 되지 않네요.
The coffee maker is not work.
커피메이커가 고장이 났어요.
The television in our room was broken.
방 TV가 고장 나 있네요.
The toilet doesn't flush well.
화장실 물이 잘 안 내려갑니다.
Toilet is blocked. Toilet is overflowing.
화장실이 막혔습니다. 화장실이 넘칩니다.
The bathtub barely drains at all.
욕조에서 물이 잘 빠져 나가지 않습니다.
The shower faucet is not working. Hot water is not coming out.
샤워기가 고장 났습니다. 뜨거운 물이 안 나옵니다.
Too little water comes out from the shower.
샤워기에서 물이 너무 조금 나옵니다.

호텔 교통 음식 관광

예약

숙소

What can I do for you?
무슨 일이시죠?

Room conditioner is out of order. I want to change room.
룸 조절기(에어컨)가 고장입니다. 방을 바꾸어주세요.

There are many insects and cockroaches in my room.
제 방에 곤충들과 바퀴벌레들이 많습니다.

체크인

I need multifunctional plug adapter. From round pin to flat pin.
다기능 변환용 플러그 어댑터가 필요합니다. 둥근 핀을 평면 핀으로요.

I need power transformer which converts the power
from 110 volts to 220 volts.
110볼트를 220볼트로 바꾸어주는 변압기가 필요합니다.

룸서비스

My room was robbed. My wallet was stolen.
제 방이 도둑맞았습니다. 지갑을 도둑맞았습니다.

The elevator is not running. My wife stuck in the elevator.
엘리베이터 작동이 안 되네요. 제 아내가 엘리베이터에서 갇혔습니다.

업무

The room smells of smoke. It looks like coming from next door.
방에서 담배 냄새가 나네요. 옆방에서 오는 것 같아요.

The next room is very noisy, and we can't get to sleep
옆방이 시끄러워 잠을 잘 수가 없네요.

생활

Could you tell the people in the next room to be quiet at night?
옆방에 밤에는 조용히 해주라고 말해주세요.

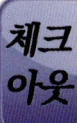

They are screaming all night and we can't sleep.
밤새 소리를 질러 잠을 잘 수가 없습니다.

불편사항

Ask them to keep the noise down.
소음을 줄여주라고 말해주세요.

체크아웃

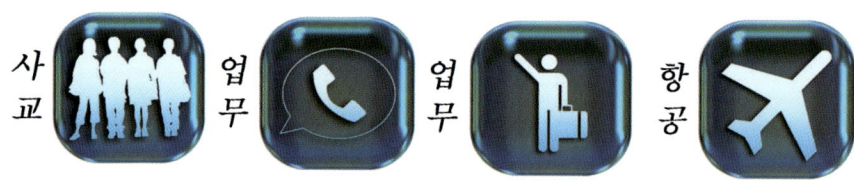

What time do we have to check out?
체크아웃 시간이 몇 시죠?
I'd like to extend check out time till 3 pm.
3시까지 체크아웃을 연장하고 싶습니다.
I'd like to stay another day.
하루 더 있겠습니다.
I'd like to check out a day earlier.
체크아웃을 하루 먼저 하겠습니다.
I left something in my room.
방에 물건을 두고 나왔네요.
I'd like to check out and split the bill in two.
체크아웃 하는데 청구서를 둘로 나누어 싶습니다.
There must be some mistake on the bill.
청구서에 무언가 잘못된 것 같습니다.
We didn't take anything from the mini bar.
미니바에서 아무 것도 먹지 않았습니다.
I didn't see the movie on that night.
그날 밤 영화를 보지 않았습니다.
I didn't make an international call.
국제전화를 하지 않았습니다.
Why am I being charged for this that I never ordered?
왜 주문하지도 않은 이것이 청구되어 있죠?
I discover incorrect fee that I never ordered.
제가 주문하지 않은 잘못된 요금이 있군요.
I didn't get any room service.
룸서비스를 받은 적이 없습니다.

I'd like to check out. Room 1004.
1004호실 체크아웃 하겠습니다.

Here is the bill.
여기 청구서가 있습니다.

What's this charge for? I think there is a mistake on my bill.
이 요금은 무엇이죠? 제 청구서에 잘못이 있는 것 같은데요.

Let me take a look. It's a minibar charge.
제가 살펴보겠습니다. 미니바 이용료입니다.

I didn't use the mini bar. That is absolutely incorrect.
미니바를 사용하지 않았습니다. 잘못 되었습니다.

Wait a minute. Let us confirm the facts. We will take care of it.
기다려 주십시오. 사실을 확인하겠습니다. 처리해 드리겠습니다.

I'd like to pay the bill by this credit card.
이 신용카드로 비용을 결제 하겠습니다.

I'm going to spend some time exploring the city.
이 도시를 조금 더 구경하려 합니다.

Can I leave my baggage with you a little while longer?
당신에게 짐들을 조금 더 맡길 수 있나요?

You can use storage facility.
물품보관소를 이용할 수 있습니다.

Is there somewhere we can leave our bags until the evening?
저녁까지 짐을 맡길 곳이 있나요?

Yes. But you have to pay a little storage fee.
네. 하지만 약간의 보관료를 내야합니다.

Can I take a shuttle bus to the airport?
공항까지 셔틀버스를 탈 수 있나요?

233

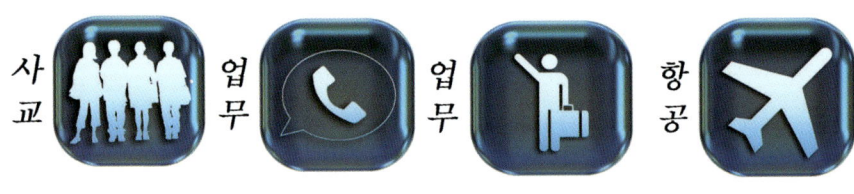

My destination is A. How do I get there?
제 목적지는 A입니다. 그곳까지 어떻게 가죠?
Where can I take the airport bus?
공항버스를 어디서 타지요?
Is this where I catch the airport bus?
공항버스를 이곳에서 탑니까?
Is there an airport bus to go to A?
A로 가는 공항버스가 있습니까?
What time does airport bus leave for A?
A까지 가는 공항버스가 언제 떠납니까?
Can I have airport bus schedule information?
공항버스 스케줄 표를 받을 수 있나요?
Can I take a bus bound for downtown?
시내까지 가는 버스를 탈 수 있나요?
Which bus should I take?
어떤 버스를 타야하죠?
How can I take airport shuttle bus?
공항으로 가는 셔틀버스를 어떻게 타지요?
Do you provide a shuttle bus service from here to the airport?
이곳에서는 공항으로 가는 리무진 버스를 제공해 줍니까?
We plan on arriving there 3 hours before flight departure.
비행기 출발 3시간 전에 도착하려고 합니다.
What time do we have to leave for the airport?
공항에 언제 출발해야 할까요?
Which bus should I take to get to the airport?
공항까지 갈려면 어느 버스를 타야 하죠?

 Where is the airport bus pick-up point?
공항버스를 탑승하는 곳이 어디죠?

There is a bus stop right in front of that building.
저 건물 앞에 정류장이 있습니다.

 How often does it run?
얼마나 자주 운행하죠?

Do you have an airport bus schedule and route map?
공항버스 시간표와 노선도가 있나요?

Every 20 minutes. Here you are.
매 20분마다 있습니다. 여기 있습니다.

 Thank you.
감사합니다.

 Which bus runs to A hotel? Does this bus go there?
A호텔까지 어느 버스가 갑니까? 이 버스가 갑니까?

 Take a bus number A.
A 버스를 타세요.

 Do you get on the same bus?
당신도 같은 버스를 타나요?

 Yes.
네.

 How long is the wait?
얼마나 기다려야 하죠?

 Bus will be here shortly.
버스가 곧 올 것입니다.

 Would you let me know where to get off?
내려야 할 곳에서 말씀해 주실래요?

235

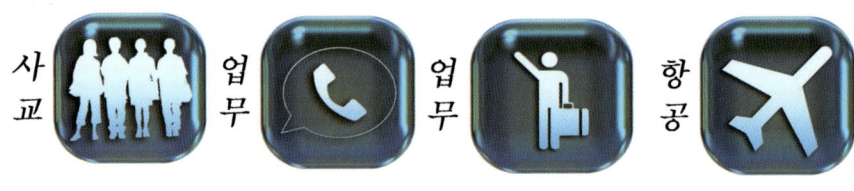

Is there a subway to go there?
그곳으로 가는 지하철이 있나요?
Where do I take a subway?
지하철을 어디서 타죠?
Are there any subway stations around here?
이 주변에 지하철역이 있나요?
Do you have a subway map? (I'd like subway map.)
지하철 노선도가 있나요? (지하철 노선도가 필요합니다.)
Is there one day pass ticket?
일일 자유 티켓이 있나요?
Which subway should I I take to go to A?
A까지 가려면 어느 지하철을 타야 하죠?
Where do I take a subway line number A?
A번 지하철은 어디에서 탑니까?
Is this subway going to A?
이 지하철이 A까지 가나요?
Do I have to ride on the other side?
반대편에서 타야 하나요?
Do I need to take two subways to get there?
그곳에 가려면 지하철을 2번 타야 됩니까?
Do I have to transfer? What station do I transfer at?
갈아타야 하나요? 어느 역에서 갈아타죠?
I'd like to go to A. Which station should I get off at?
A로 가려고 합니다. 어느 역에서 내려야 하죠?
Did I miss my station?
제가 내릴 역을 지나쳤나요?

호텔  교통  음식  관광

교통편

Where is the train station (ticket office)?
기차역이 (매표소가) 어디입니까?

Where will you be going?
어디로 가실 건가요?

I'd like to buy ticket to A.
A로 가는 티켓을 사고 싶습니다.

지하철 기차

What time would you like?
언제를 원하시나요?

What time does the train leave? Where is the time table?
기차가 언제 떠나죠? 시간표가 어디에 있나요?

버스

The train to A departs at B?
A로 가는 기차는 B시간에 떠납니다.

First (coach, sleeper seat) class, one way (round trip) ticket.
1등석(일반석, 침대석) 편도(왕복) 티켓을 주세요.

택시

Is there a restaurant car on this train?
이 기차에 식당차가 있습니까?

Yes. You can use the dining car.
네 식당칸을 이용할 수 있습니다.

렌터카

Where is the platform? From which track does train start?
승강장이 어디죠? 어느 트랙에서 기차가 출발하나요?

Please don't lean on me like that.
그렇게 저에게 기대지 마세요.

주유 고장

Would you watch my bag when I use the toilet?
화장실 가는 동안 가방을 좀 봐주실래요?

Could you keep an eye on my bag when I am sleeping?
자는 동안 가방 좀 지켜봐 주실래요?

신호 위반

교통 사고

Do you know which bus goes to the downtown?
시내로 가는 버스를 아나요?

Is there a bus that goes downtown?
시내로 가는 버스가 있나요?

How long will it take to get there?
얼마나 걸리죠?

I'd like to go to A. Do you go to A?
A로 가려고 합니다. A까지 가나요?

How much is the fare? Do I need to use exact change?
요금이 얼마죠? 정확한 잔돈을 사용해야 하나요?

Do I have to drop money in the fare box?
요금 박스에 돈을 넣으면 되나요?

Should I swipe my pass card through the fare machine?
요금 정산기에 교통카드를 긁으면 되나요?

I am on my way to A. Did I take the wrong bus?
A로 가는 중입니다. 제가 버스를 잘못 탔나요?

Am I supposed to get off right here?
이곳에서 제가 내리나요?

How much further is it?
얼마나 더 가야 하죠?

I'm not sure where to get off. Please, tell me when we get there.
어디에서 내릴 지 잘 모르겠군요. 그곳에 도착하면 말해주세요.

Where should I transfer to go to A?
A로 가려면 어디서 갈아타지요?

Let me get off here. Where is the stop bell?
이곳에서 내릴게요. 정차 벨이 어디에 있나요?

 Where do we take the bus to downtown?
시내로 가는 버스를 어디서 타지요?

 Right over there. You can take number A.
저기입니다. A번 버스를 타세요.

 How often does the bus run?
버스가 얼마나 자주 있지요?

 It runs every 15 minutes. Get on the bus heading that way.
15분마다 있습니다. 저쪽으로 가는 버스를 타세요.

It will take you there.
당신을 그곳으로 데려다 줄 것입니다.

 Where are you headed?
어디로 가시죠?

 I am headed to A.
A로 갑니다.

Has the bus come yet?
버스가 아직 안 왔나요?

 It was supposed to be here 5 minutes ago.
5분 전에 왔어야 되는데요.

I think it's running late. Bus doesn't come in time.
제 생각에 늦는 것 같은데요. 버스는 제 시간에 오지 않아요.

 I am sorry. I don't have any change. Can you break a 20 dollar?
죄송하지만 잔돈이 없습니다. 20달러를 거슬러 줄 수 있나요?

 My destination is A. Do you know where I get off at?
목적지가 A인데, 어디서 내리는지 아세요?

 We are almost there. I'll let you know.
거의 다 왔습니다. 제가 알려 드리겠습니다.

Where can I get a taxi?
택시를 어디서 타죠?
Would you happen to know how much it is to go to A hotel?
혹시 A호텔까지 가는데 얼마인지 아세요?
How much to A hotel?
A 호텔까지는 얼마죠?
I'd like to go to A hotel.
A 호텔로 가주세요.
There is a mark on the map. Take me there.
지도에 표시되어 있는 곳으로 데려다 주세요.
I am in a hurry. Please, take a short cut.
지금 바쁘군요. 빠른 길로 가 주세요.
Could you hurry a little, please?
조금 빨리 가주실래요?
Please, drive more slowly.
좀 더 천천히 운전해 주세요.
Let me get off here. (Pull over here. Stop here, please.)
이곳에서 내릴게요.
What's the fare?
요금이 얼마이지요?
You are overcharging me. Why do you charge me more?
비용이 너무 많이 나왔네요. 왜 돈을 더 많이 받나요?
I feel like I am getting ripped off. Please, bring down the price.
바가지 쓰는 기분이네요. 가격을 내려주세요.
Here it is. Keep the change.
여기 있습니다. 잔돈은 가지세요.

 Where is the taxi stand?
택시 승강장이 어디죠?

 The taxi stand is right over there.
택시 승강장이 저기입니다.

 Where to, sir?
어디로 가실래요?

 How much will it cost from here to A hotel?
혹시 A호텔까지 가는데 얼마입니까?

 It'll cost about A dollars.
A달러 정도 들 것입니다.

 Take me to A hotel, please. Can you open the trunk?
A 호텔로 가주세요. 트렁크 좀 열어주실래요?

Would you help me put my bag into the car?
가방을 차에 싣는 것 좀 도와주실래요?

How long will it take to get there?
그곳까지는 얼마나 걸리지요?

I am late for an appointment. Can you speed up a little?
약속시간에 늦었습니다. 조금 빨리 가주실래요?

 I'll do my best. Here we are.
최선을 다 하죠. 다 왔습니다.

 How much is the fare? That's more than I thought.
요금이 얼마이지요? 제가 생각한 만큼보다는 많군요.

Would you wait for me here? I'll pay you more.
이곳에서 기다려 주실래요? 돈을 더 지불하겠습니다.

Do you give me back my change? I need a receipt.
잔돈을 주실래요? 영수증이 필요합니다.

241

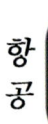

Where can I rent a car?
어디서 차를 렌트하죠?

Could you tell me how I get to rental car area?
렌터카 있는 곳까지 어떻게 가죠?

I'd like to rent a car. Do you have any cars available?
차를 렌트하고 싶습니다. 사용할 수 있는 차가 있나요?

Do I need to make a reservation in advance?
미리 예약이 필요한가요?

Do you have any convertibles?
오픈카는 있나요?

I am looking for automatic medium sedan
자동 중형세단을 원합니다.

What's the rental rate? How much per day?
대여료가 얼마죠? 하루에 얼마인가요?

Do you have anything cheaper?
더 싼 것은 없나요?

I'd like the unlimited miles for one week.
1주일간 거리 무제한으로 하겠어요.

Does the price include insurance? How much is insurance?
가격에 보험이 포함되어 있나요? 보험은 얼마이죠?

I'd like to get insurance. Two people will be driving the car
and all the drivers are at least 30 years old.
보험에 들겠습니다. 2명이 운전을 하고 운전자 모두 최소 30세 이상입니다.

I'd like to take just minimum insurance coverage. Liability insurance like as
bodily injury, property damage and in addition, roadside service.
최소한의 책임 보험만 들게요. 대인, 대물 배상과 추가 긴급차량 서비스 같은 것요.

Do I use regular gasoline?
보통 휘발유를 넣으면 되나요?

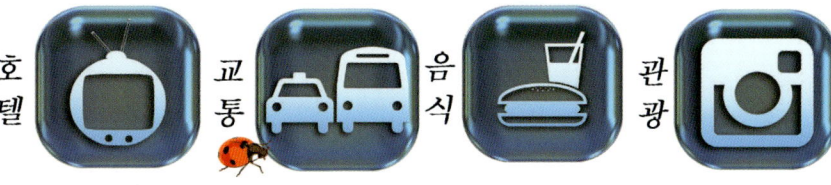

 Do you have a reservation?
예약을 하셨나요?

No. Can I rent a car without reservation?
아닙니다. 예약 없이 차를 렌트할 수 있나요?

Absolutely. What kind of car would you like?
물론입니다. 무슨 차를 원하세요?

We have compact, medium, full and SUV.
소형차, 중형차, 대형차, SUV가 있습니다.

I'd like to rent an automatic SUV.
오토인 SUV를 렌트하고 싶습니다.

 How long will you have it for?
얼마나 사용하실 거죠?

I need it for 5 days. What's the rate per day?
5일 필요합니다. 하루에 대여료가 얼마죠?

50$. The rental price includes limited mileage and tax.
가격에는 제한된 거리와 세금이 포함되어 있습니다.

You have to get a basic car insurance. What would you like?
기본 차 보험에 드셔야합니다. 어떤 보험에 드실래요?

I'd like to have full coverage.
종합보험으로 하겠습니다.

 Who is going to be the driver? How many people?
누가 운전을 하죠? 몇 명이 할거죠?

Just me. Here is my international driver's license.
I need a GPS navigation.
저 혼자이고 여기 국제 운전 면허증입니다. 네비게이션도 필요합니다.

OK. You should fill it up before you return the car.
알겠습니다. 돌려주기 전에 연료를 가득 채워야 합니다.

243

Where's the nearest gas station?
가까운 주유소가 어디에 있나요?
Gas pump couldn't read my credit card.
I swiped several times, it failed to read.
주유펌프가 제 신용카드를 읽지를 못하네요.
몇 번 긁었는데, 읽지를 못해요.
Should I pay at cashier's office?
계산대에서 계산원에게 지급해야 하나요?
I forget Pin code number. (ZIP code)
암호 (우편번호)를 잊어버렸습니다.
$40 on gas pump 1, regular(87), Credit card (Debit)
40불, 주유펌프 1번, 보통휘발유(옥탄가 87), 신용카드요 (체크카드).
Fill it up with regular unleaded.
무연 보통으로 가득 채워 주세요.
I have a flat tire.
타이어가 펑크 났습니다.
The brake doesn't work.
브레이크가 들지 않습니다.
I locked my key in my car.
차에 열쇠를 두고 잠갔습니다.
My car is running rough. I need a car tune up.
제 차가 덜컥거립니다. 차 정비가 필요합니다.
How much does an average tune up cost?
자동차 일반적인 검사는 얼마이죠?
I'd like my car washed.
세차해 주세요.

 Is this the road to A?
이 길이 A로 가는 길인가요?

Am I going in the right direction?
올바른 방향으로 가고 있나요?

 You are heading right direction.
올바르게 가고 있습니다.

 I've nearly run out of gas.
휘발유가 거의 떨어졌네요.

Is there a gas station near me?
이 근처에 주유소가 있나요?

 Yes. Over there. Keep going straight.
네. 저기입니다. 똑바로 가세요.

 Pump number 2, regular, $50.
주유펌프 2번, 보통 휘발유, 50불 만큼입니다.

 I got a flat tire on the way.
도중에 타이어에 펑크가 났습니다.

Can you fix it?
고칠 수 있나요?

 You need to call roadside service.
긴급출동 서비스에 연락해야 되겠네요.

 My battery is dead.
배터리가 방전되었습니다.

My car doesn't start.
시동이 걸리지 않습니다.

Can you help me recharge my battery?
배터리를 재충전하게 도와주실래요?

Is there a problem, officer?
무슨 문제가 있나요 경관님?

Did I do anything wrong?
제가 잘못한 것이 있습니까?

Why do you pull me over?
왜 저를 세우셨나요?

I didn't see the stop sign.
정지 신호를 못 보았습니다.

I'm sorry for running it.
지나쳐서 죄송합니다.

I honestly see it yellow light.
솔직히 노란색으로 보았습니다.

I didn't mean to run it.
지나치려는 생각은 없었습니다.

I didn't know I was speeding.
과속한지 몰랐습니다.

I was obeying the speed limit.
속도를 지켰는데요.

I think I was going about 50mph.
50마일로 달린 것 같은데요.

I was not aware of that.
모르고 있었습니다.

I apologize, but I didn't realize that.
죄송합니다. 알지 못했습니다.

Could you let me go with warning?
경고만 하고 보내주시면 안될까요?

호텔 　교통 　음식 　관광 　　　교통편

지하철 기차

 Pull over. Pull over.
저기 세우세요. 세워요.

 Why do you pull me over? officer?
왜 저를 세우셨나요?

 You were speeding.
과속하셨습니다.

 I'm sorry for running it.
지나쳐서 죄송합니다.

 Do you know how fast you were going?
얼마나 빨리 달렸는지 아세요?

 I think I was going about 40mph.
40마일로 달린 것 같은데요.

 You were going 60mph. The speed limit is 40mph.
60마일로 달리고 있었습니다. 40마일이 속도제한입니다.

Didn't you notice it?
알아채지 못하셨나요?

I didn't mean it.
그럴 생각이 없었습니다.

I am a foreign tourist. I am not familiar with this road.
저는 외국 관광객입니다. 이 길에 익숙하지 않습니다.

Please let me go with a warning.
경고만 하고 보내주세요.

 You have to get a ticket.
교통위반 딱지를 받아야합니다.

Please give me your international driver's license and rental agreement?
국제면허증과 렌터카 계약서를 주세요.

버스

택시

렌터카

주유 고장

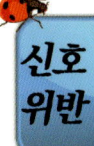 신호 위반

교통 사고

247

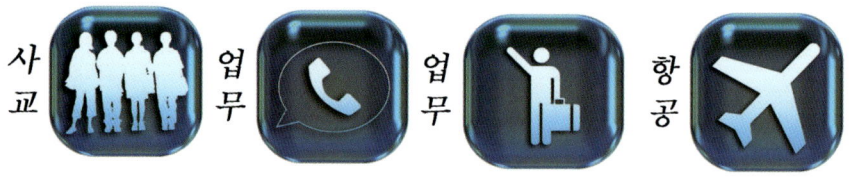

Hello, you hit my car.
제 차를 받으셨네요.
My car is damaged.
제 차가 손상을 입었네요.
My rear bumper is scratched and dented.
뒤 범퍼가 긁히고 들어갔잖아요.
This car is dented on the side.
이 차 옆이 찌그러져 있네요.
There is a dent in the front bumper.
앞 범퍼가 찌그러졌네요.
There are some cracks on the rear bumper.
뒤 범퍼가 조금 깨져 있네요.
I'll call 911.
911을 부르겠습니다.
Hello, I'd like to report a traffic accident.
교통사고를 신고하려고 합니다.
Car accident happened on the road.
길에서 차 사고가 있었습니다.
Someone ran into my car.
누가 제 차를 받았습니다.
I have a sprained neck. My neck aches.
목이 삔 것 같습니다. 목이 아픕니다.
Do you have some identification?
신분증이 있나요?
Please, give me your name, address, car number and phone number.
당신의 이름, 주소, 차 번호, 전화번호를 알려주세요.

Why do you hit my car?
왜 제 차를 받으세요?

I didn't mean to. It was an accident.
의도적으로 그런 것이 아닙니다. 사고입니다.

This area is a dangerous place.
이곳은 위험한 곳입니다.

Let's move cars to the side of the road after taking photos.
사진을 찍고 길옆으로 차를 옮깁시다.

My rear bumper is scratched and got a dent.
뒤 범퍼가 긁히고 들어갔네요.

I don't see anything wrong with it.
아무 이상 없는 것 같은데요.

You have to take care of this. I need your name, address and phone number. Do you have your registration and driver's license?
당신이 처리해 주셔야 합니다. 당신의 이름, 주소, 전화번호가 필요합니다. 차량 등록증이나 운전면허증이 있으세요?

I'd like to write down your car model, year and license plate number.
당신의 차 모델, 연식과 차량번호를 기록하고 싶습니다.

I didn't break any laws.
저는 교통법규를 위반하지 않았습니다.

I'll call the police.
경찰을 부르겠습니다.

Officer. I was at a red light, that car hit me from behind.
경관님. 빨간 신호등에 서 있는데 저 차가 뒤에서 내 차를 받았습니다.

Do you take car accident scene photos?
교통사고 현장 사진을 찍었나요?

Yes. Officer. I need police report for submitting to insurance company.
네. 경관님. 보험회사에 줄 경찰조사서가 필요합니다.

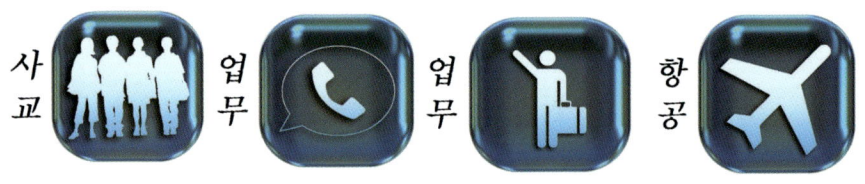

How about having a dinner at Korean restaurant?
한국 음식점에서 저녁을 같이 하실까요?
I'd like to treat you, Korean food.
당신에게 한국음식을 대접하고 싶군요.
Shall we taste various kinds of Korean food?
다양한 한국 음식을 맛볼까요?
Can you eat the spicy food?
매운 음식을 먹을 수 있나요?
Kimchi is spicy, but if you have acquired taste, you will miss the unique flavor.
김치는 매웁지만, 일단 맛을 알면 독특한 향이 그리워질 것입니다.
How do you like it? Is it eatable?
맛이 어떠세요? 먹을 만 하나요?
Why don't you try bulgogi? Bulgogi is Korean beef barbecue.
불고기를 먹어 보세요. 불고기는 한국식 소고기 바비큐입니다.
How does it taste? I am sure it's delicious.
맛이 어떠세요? 맛있으리라 장담합니다.
May I offer you some Korean seasoned vegetables, Namul?
한국 양념채소인 나물을 좀 줄까요?
This is Korean traditional pan cake, Pajeon.
그리고 이것은 한국의 전통 피자인 파전입니다.
Eomuk is boiled fish cake.
어묵은 삶은 생선말이입니다.
This is Korean sweet rice drink, Sikhye.
이것은 한국의 식혜입니다.
It is one of the most popular traditional Korean drinks.
가장 즐기는 전통 한국음료입니다.

Have you ever tried Korean food before?
한국 음식을 먹어본 적이 있나요?

Not yet.
아직 아닙니다.

I'd like to treat you to dinner at Korean restaurant.
당신에게 한국음식점에서 저녁을 대접하고 싶군요.

Thank you. I love to taste local food.
고맙습니다. 지역음식 맛보는 것을 좋아합니다.

What time is good for you?
어느 시간이 좋죠?

Anytime will be fine.
어느 시간이나 좋습니다.

Help yourself. There are many side-dishes.
많이 드세요. 음식들이 많습니다.

They look delicious.
음식들이 맛있게 보이네요.

Why don't you try to eat Kimchi?
김치를 먹어보세요.

Sure. Kimchi is very spicy.
좋아요. 김치가 아주 맵군요.

There are many different recipes for Kimchi according to region.
지역에 따라 김치를 만드는 법이 다릅니다.

This is bulgogi. Put some meat and soybean paste on the lettuce or leaf of sesame. Fold together and put it into your mouth. How does it taste?
이것은 불고기입니다. 고기와 된장을 상추 또는 깻잎에 올리세요. 함께 접어서 입안에 넣으세요. 맛이 어떻습니까?

251

 사교
 업무
 업무
 항공

Is there a good restaurant around here?
이 주변에 괜찮은 식당이 있습니까?

Which restaurant is famous for delicious food?
어느 식당이 맛있기로 유명합니까?

What is that restaurant famous for?
저 식당은 무엇으로 유명하죠?

I'd like to make a dinner reservation for this Friday night.
이번 주 금요일 저녁을 예약하고 싶습니다.

Could I have a table for 7 people at 7 o'clock?
7시에 7명 좌석이 가능할까요?

Do you have a dress code?
복장을 갖추어야 하나요?

What is the dress code for the restaurant?
식당 드레스 코드가 어떤가요?

I've a reservation at 7:00 for A.
7시 A로 예약하였습니다.

We don't have a reservation. Are there any tables available?
예약을 안 했습니다. 빈 테이블이 있나요?

Do you have a table for three?
3명 앉을 곳이 있나요?

Could you put my name on the list?
대기자 명단에 올려주실래요?

How long do we have to wait?
얼마나 기다려야 하죠?

We'll take whatever comes up first.
자리가 먼저 나면 아무거나 주세요.

 호텔  교통  음식  관광  한식

 Hello, I'd like to make a reservation for tomorrow night.
내일 밤 예약을 하고 싶습니다.

 How many in your party?
몇 명이나 되지요?

 There will be three of us.
3명입니다.

 What time would you like?
몇 시에 예약해 드릴까요?

 We would prefer 7pm.
저녁 7시에 해주세요.

 May I have your name please?
이름이 어떻게 되시죠?

 My name is A. I'd like a table near the window if possible.
제 이름은 A입니다. 가능하면 창가 근처 테이블이면 좋겠습니다.

 We have a reservation at 7 under the name of A.
A이름으로 7시에 예약했습니다.

 Please wait to be seated.
안내될 때까지 기다려 주십시오.

 Would it be possible to have a seat over there?
저기에 앉을 수 있나요?

 That table is reserved.
저 테이블은 예약이 되어있습니다.

 Can we move over there?
저곳으로 옮길 수 있을까요?

We are expecting one more friend.
일행 한 명이 또 올 것입니다.

 식당

 주문

 요구 계산

 패스트 푸드

 편의점 선물

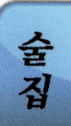 술집

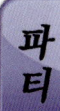 파티

253

Could I get a menu?
메뉴판 좀 주시겠습니까?
Could you give us a few minutes to decide?
결정하기까지 잠시만 시간 좀 주실래요?
We'll call you when we're ready to order.
주문 준비가 되면 다시 부르겠습니다.
Could you take my order, please?
주문을 받으실래요?
Can you tell me what's this?
이것이 무엇이지요?
What can be served quickly?
어떤 것이 빨리 나오죠?
I want to order this.
이것을 주문하고 싶습니다.
The same for me. Make it two.
같은 것으로 2개 해주세요.
Could I change my order?
주문을 바꾸어도 될까요?
Is there any good steak menu for today?
오늘 좋은 스테이크 메뉴가 있습니까?
I'll take the T-bone steak. Medium-Well done please.
티본 스테이크를 먹겠습니다. 약간 익혀주세요.
I'll have mushroom soup.
버섯 수프로 주세요.
I'll have salad with honey mustard dressing.
(French, Italian, Honey mustard, Thousand island.)
허니 머스타드 드레싱 샐러드를 먹겠습니다.

 Here are your menus. Can I get you a drink?
여기 메뉴가 있습니다. 마실 것을 드릴까요?

 We'd like to have cold two beers.
차가운 맥주를 2병 주십시오.

 May I have your order?
지금 주문하실래요?

 Is there a set menu? I'd like to order prix fixe menu.
세트 메뉴가 있습니까? 정식(프리 픽스)을 주문하고 싶습니다.

 Would you like to order an appetizer?
에피타이저를 주문하실래요?

 I'd like to have mixed green salad.
혼합 샐러드를 먹겠습니다.

 What kind of dressing would you like?
드레싱은 어떤 것으로 하시겠습니까?

 Thousand island.
싸우젠 아일랜드로 해 주세요.

 What soup would you like to have?
수프는 어떤 것으로 하시겠습니까?

 I'll have corn soup.
옥수수 수프로 주세요.

 How do you want your steak? Rare? Medium? Well done?
고기는 어떻게 익힐까요? 설익게, 중간, 아니면 잘 익힐까요?

 Medium please.
중간으로 익혀주세요.

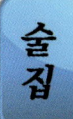

 What would you like for your side dishes?
곁들이는 음식은 어떤 걸로 하시겠습니까?

 Baked potatoes.
구운 감자로 주세요.

My order hasn't come out yet.
제 주문이 아직 안 나왔습니다.
Could you hurry the orders? What's taking so long?
음식 좀 빨리 주실래요? 왜 이렇게 오래 걸리죠?
My steak isn't done enough. It's too tough and hard to chew.
스테이크가 충분히 익질 않았어요. 너무 질기고 씹기 힘드네요.
I ordered it medium-well done. This meat is burned.
약간 구워주라고 했는데요. 고기가 다 탔네요.
This doesn't smell fresh. I am afraid this is stale.
냄새가 신선하지 않습니다. 이것은 상한 것 같군요.
This is not my order.
이건 제 주문이 아닌데요.
May we have more bread and butter?
빵과 버터를 좀 더 주실래요?
Can I have some napkins?
냅킨 좀 주실래요?
Would you take dishes away?
접시들을 치워 주실래요?
I dropped a fork. I need another fork.
포크를 떨어뜨렸네요. 하나 더 주세요.
May I have a refill on my coffee?
제 커피 리필 해주실래요?
I would like to get a doggy bag for the leftover.
남은 것을 가져가고 싶습니다.
I'll treat you. (I want to treat you. It's my treat.)
제가 내겠습니다.

 What would you like to have for dessert?
디저트는 어떤 것으로 하겠습니까?

 I'll skip the dessert.
디저트는 안 먹을게요.

 Would you like anything else?
다른 필요한 것 없으십니까?

 May I have some water, please?
물 한잔 먹고 싶군요.

Could you please put leftover in a box to take home?
남은 음식을 집에 가져가게 포장해 주실래요?

May I have the check, please?
계산서를 주실래요?

I'll get the bill. Be my guest.
제가 대접할게요.

 You don't have to. Let's share the bill.
그럴 필요 없습니다. 각자 부담합시다.

How much is my share? I'll pay for mine.
제가 부담할 돈이 얼마이죠? 제 몫은 제가 계산할게요.

 I think there is a mistake on this bill.
이 청구서가 틀린 것 같군요.

The amount seems to be wrong.
I think you charged the wrong amount.
금액이 틀린 것 같은데, 제 생각에 잘못 계산한 것 같습니다.

I want to tip 20%.
20%을 주고 싶습니다.

Can I have the receipt?
영수증을 주실래요?

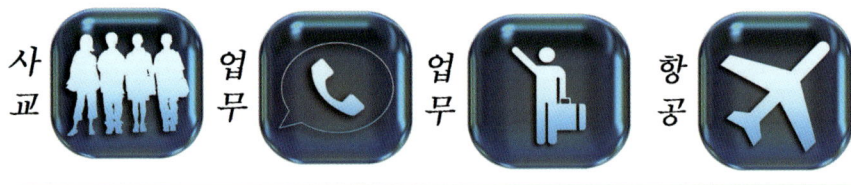

Where can I have a snack lunch?
간단히 점심 먹을 만한 곳이 어디입니까?
Do you know a nearby cafeteria to have a lunch?
점심 먹을 만한 근처 식당을 아세요?
Is there a fast food restaurant around here?
이 근처에 패스트푸드 음식점이 있나요?
Let's have a lunch together.
같이 점심을 드시죠.
Let's grab a bite somewhere close.
가까운 곳에서 뭐 좀 먹죠.
Would you clear the table, please?
테이블 좀 치워줄래요?
What's the most delicious food in here?
이곳에서 가장 맛있는 음식이 어떤 것이죠?
One hamburger and a cup of coffee.
햄버거 하나와 커피 한 잔 주세요.
What kind of sauce(topping) do you have?
어떤 종류의 햄버거 소스(토핑)가 있나요?
I'll have Ketchup sauce. (Mustard, Chili)
케첩 (머스타드, 칠리) 소스로 주세요.
Can I have a refill?
리필 되나요?
Let me get some fries.
감자튀김도 주세요.
I'll have a small pizza and large coke. With plenty of ice.
작은 피자 하나와 얼음 많이, 콜라 큰 사이즈로 주세요.

한식

May I take your order?
무엇을 드실래요?

One double cheeseburgers.
치즈버거 1개 주세요.

식당

Would you like fries with that?
감자튀김도 드실래요?

No, that's it for now.
아닙니다. 그것으로 충분합니다.

주문

What would you like to drink?
음료는 뭐로 하실래요?

I'll have one medium coke.
콜라 중간 사이즈로 주세요.

요구
계산

Here or to go?
여기서 드실래요? 아니면 가져가실래요?

For here.
여기서 먹을게요.

패스트
푸드

Here are your orders. Other guest?
주문하신 것들 나왔습니다. 다른 손님은요?

A small pizza. I'd like pineapple and pepperoni toppings.
피자 작은 것 주세요. 파인애플과 페퍼로니 토핑으로 주세요.

편의점
선물

Can I have a coffee instead of coke?
콜라 대신 커피로 되나요?

Yes. What kind of coffee?
네 무슨 커피로 하실래요?

술집

I'll have iced Americano.
아이스 아메리카노 주세요.

Your total comes to $27. Here are your receipt and change.
모두 27달러입니다. 여기 영수증과 잔돈이 있습니다.

파티

259

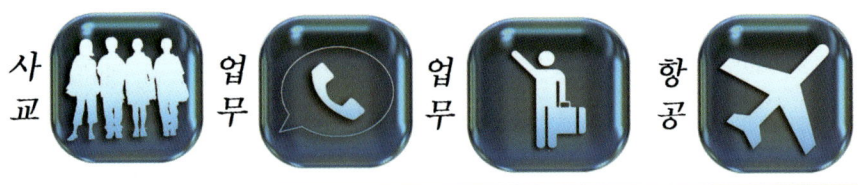

Excuse me. Do you know where the convenience store is?
편의점이 어디 있는지 아세요?

Is there any supermarket or grocery store around here?
이 근처에 슈퍼마켓이나 상점이 있습니까?

I'm looking for a toothbrush and toothpaste.
칫솔과 치약을 사고 싶습니다.

Do you sell mineral water here?
생수를 이곳에서 파나요?

This mineral water is warm. Do you have a cold one?
생수가 따뜻한데 찬 것 없나요?

Is this milk fresh? It's sour. This milk has gone bad.
이 우유가 신선하나요? 신데요. 이 우유가 상했어요.

It smells as if it has gone bad.
상한 것 같은 냄새가 나네요.

This milk has passed the expiration date.
이 우유가 유통 기한이 지났습니다.

The expiration date on this milk was last week.
이 우유 유효 기간이 지난 주까지였어요.

Where is the produce section? Are there any organic fruits?
농산물코너가 어디죠? 유기농 과일이 있나요?

Are there any fresh apples or tomatoes?
신선한 사과나 토마토가 있나요?

I'll take these. I'll pay cash.
이것들을 사겠습니다. 현금으로 할게요.

Can you break a 100 dollar?
100달러인데 괜찮겠습니까?

호텔 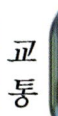 교통  음식  관광

 How can I help you?
무엇을 도와드릴까요?

 I am looking for some souvenirs.
기념품을 찾고 있습니다.

I'd like to buy something for my friends.
친구들에게 줄 선물을 사고 싶습니다.

Can you help me pick out a gift?
선물 고르는데 도와주실래요?

 Would you like to take a look at these?
이것들 좀 보실래요?

 Can you recommend an inexpensive gift? Show me one, please
비싸지 않은 선물을 추천해 주실래요? 하나 보여 주세요.

Are they on sale? Do you have anything cheaper?
세일하나요? 좀 더 싼 것은 없나요?

 Some of them are on sale and some of them aren't.
어떤 것은 세일하고 어떤 것은 안 합니다.

 How much is it? I will buy it if the price is reasonable.
저것은 얼마죠? 가격이 적당하면 살게요.

 100 dollars.
100달러입니다.

 I can't afford that. I don't have enough money. Can you come down a little? Can't you give me a better price? I'll buy it for $50.
그럴 여유가 없군요. 돈이 부족합니다. 조금 깎아 줄 수 있나요? 좋은 가격에 주세요. 50달러에 사겠습니다.

 $70 is the final price. That's the lowest price I can get you.
70달러가 최종가격입니다. 줄 수 있는 가장 낮은 가격입니다.

 OK. Please wrap it as a gift.
알겠습니다. 선물용으로 포장해 주세요.

한식 · 식당 · 주문 · 요구계산 · 패스트푸드 · 편의점 선물 ·  술집 ·  파티

What's your favorite drink?

좋아하는 술은 무엇이죠?

What kind of alcohol do you like?

어떤 술을 좋아하십니까?

My favorite drink is a beer. (wine, cocktail, vodka, whisky)

좋아하는 술은 맥주(와인, 칵테일, 보드카, 위스키)입니다.

How about we grab a beer?

맥주 한 잔 하실래요?

Let's go for a drink.

술 한 잔 하시죠.

How much do you usually drink?

주량이 얼마나 되세요?

I never drink alcohol.

술을 전혀 못합니다.

I am a moderate drinker and a slow drinker.

저는 적당히 천천히 마시는 편입니다.

Koreans have polite drinking etiquette.

한국인들은 예절 바른 음주 문화가 있습니다.

In Korea, when pouring for someone older,
we put one hand to pouring arm as a sign of respect.

나이가 더 많은 사람에게 잔을 따를 때
존경의 표시로 한 손을 다른 손에 대고 따릅니다.

Let's toast. Cheers!

건배!

Your glass is empty. Would you like another drink? Let me refill your glass.

잔이 비었군요. 한 잔 더 할래요? 잔을 채워 드릴게요.

Please, fill a glass halfway.

반만 채워 주세요.

 Let's go grab a drink.
술이나 한 잔 하시죠.

 Sounds good to me.
좋습니다.

 This is a good place to come with friends.
이곳이 친구들과 오기 좋은 곳입니다.

 It's a nice pub.
좋은 술집이군요.

 Let me take your jacket. I'll hang it up.
재킷을 주세요. 걸어 드릴게요.

 Thank you.
감사합니다.

 How about a drink Korean Vodka, Soju?
한국의 보드카인 소주 어떠세요?

 Soju is the national drink?
소주가 국민술입니까?

 Yes. Soju is one of the top beverages in Korea.
네. 소주는 한국에서 가장 잘 팔리는 술 가운데 하나입니다.

Let me fill up your glass.
잔을 채워 드리겠습니다.

After drinking up your glass, would you pass it to me and fill it with the Soju?
잔을 다 마신 후 저에게 잔을 건네고 소주로 채워 주실래요?

This is a unique custom of sharing a glass when drinking.
이것은 한국인들이 술을 마실 때 술잔을 나누는 습관입니다.

Never pour your own drink.

This is regarded as the symbol of friendship.
혼자 술을 스스로 따르지 마세요. 이것은 우정의 표현이지요.

263

 사교
 업무
 업무
 항공

I have a dinner party this friday.
금요일 저녁 파티가 있습니다.

I'd like to invite you to a party.
파티에 초대하고 싶습니다.

Will you come to my party?
파티에 오실래요?

The party will be held at my house.
파티는 우리 집에서 열릴 것입니다.

The party will be a lot of fun.
파티가 재미있을 것입니다.

I'm looking forward to the party.
파티를 기대하고 있습니다.

Will you invite other friends to the party?
그 파티에 다른 친구들도 초청할 겁니까?

What time will the party begin?
파티가 몇 시에 시작합니까?

What time will the party be over?
파티가 몇 시에 끝나죠?

What should I wear to the party?
파티에 뭘 입고 가야 하나요?

Can I bring my wife along to the party?
파티에 부인을 데려가도 되나요?

Would you like me to bring any food or drinks to the party?
파티에 음식이나 마실 것들을 가져갈까요?

I'm sorry that I can't come to your party.
당신 파티에 갈 수 없어서 정말 죄송합니다.

We are planning a party. Just casual dinner party.
우리들은 파티를 계획하고 있습니다. 일상적인 저녁파티에요.

Where will it take place?
어디에서 하죠?

The party will be held at A's house tomorrow evening.
파티는 내일 저녁 A의 집에서 열릴 것입니다.

I am happy to go to the dinner party.
저녁 파티에 가게되어 기쁘군요.

You can bring along your friends.
친구들도 파티에 데려올 수 있습니다.

What will you bring to the party?
당신은 파티에 무엇을 가지고 올래요?

I'll bring some wine and beers.
와인과 맥주를 가져갈게요.

Thank you for coming. I am pleased that you have come.
와 주셔서 감사합니다.

Thank you for inviting me to your dinner party.
저녁 파티에 초대를 해 주셔서 감사합니다.

Come on in. Just drop your coat here and make yourself at home.
들어오세요. 코트를 이곳에 두시고 편하게 지내세요.

Are you having a good time?
재미있게 보내시나요?

I'm having a great time.
저는 즐겁게 보내고 있습니다.

How was the party?
파티는 어땠어요?

It was a really fun party. I enjoyed the party very well.
정말 재미있는 파티였습니다. 대단히 즐거웠습니다.

Where is the tourist information center?
관광안내소가 어디인가요?

May I have free map or brochure?
무료 지도나 안내 책자를 얻을 수 있나요?

May I take these brochures?
이 책자들을 가져가도 되나요?

Could you recommend any tourist attractions?
가 볼만한 곳들 좀 추천해 주실래요?

Where is the most attractive place that I should go first?
먼저 가봐야 할 가장 볼만한 곳이 어디죠?

Where is the scenic area? Where can I enjoy nice view?
경치 좋은 곳이 어디죠? 어디서 경치 좋은 곳을 즐기죠?

Could you tell me the most popular tourist attractions?
가장 인기 있는 관광지들 좀 말해 주실래요?

Is there anything special I must see in this city?
이 도시에서 꼭 보아야 할 특별한 것들이 있나요?

What's that over there?
저것은 무엇이죠?

How old is it?
얼마나 오래되었죠?

Is the admission free? How long does it take to see?
입장료가 공짜인가요? 보는데 얼마나 걸리죠?

What show is playing over there?
저곳에서 무슨 쇼를 하고 있죠?

Don't cut in line. You have to stand in line.
끼어들지 마세요. 줄을 서야 합니다.

호텔  교통  음식  관광

관광

I was wondering if you could help me take a few tours.
몇 가지 관광을 하는데 도와주실래요?

I will be here for 2days. I'd like to look around somewhere.
이곳에 이틀 있을 건데, 어디를 둘러보고 싶습니다.

Are there any quick tours to get an overview of city?
도시를 빠르게 돌아볼 수 있는 투어가 있나요?

Are you short on time? There is a half day tour.
시간이 없나요? 반일관광 상품이 있습니다.

Which courses are available now? How much is A tour package?
지금 어느 코스를 이용할 수 있죠? A 관광 패키지는 얼마이죠?

120 dollars. It includes the admission fee and meal.
120불입니다. 가격에 입장료와 식사가 포함되어 있습니다.

When are we leaving for package tour? Does the tour start here?
패키지 관광은 언제 떠나나요? 이곳에서 관광을 출발하나요?

2 pm. You have to come here half an hour early.
오후 2시인데, 30분 전에 와야 합니다.

I had a really good time. Goodbye. I must go to see A show.
정말 즐거운 시간이었습니다. 잘가세요. A 쇼를 보러 가야겠습니다.

Where is the ticket line? What time does it begin?
표 사는 줄이 어디죠? 언제 시작하죠?

I'd like to buy a front row ticket. Is it sold out?
앞자리 티켓을 한 장을 사고 싶습니다. 매진되었나요?

Take a number and wait for your turn.
번호표를 뽑고, 당신 차례를 기다리세요.

How long is this going to take? Are there any seats left?
얼마나 기다려야 하죠? 남은 자리가 있나요?

쇼핑

길찾기

환전 은행

사진 화장실

범죄

분실 응급

질병

267

I am just browsing. (I am just looking around.)
그냥 둘러보고 있습니다.

I'd like to look around by myself.
혼자서 둘러보고 싶습니다.

I don't need it. What's that for?
그것은 필요하지 않습니다. 무엇에 쓰는 것이죠?

I don't see anything I want. Can you show me different ones?
제가 원하는 것이 없네요. 다른 것들을 보여 주실래요?

I can't make up mind. I like this. This is much better.
결정할 수가 없군요. 이것이 좋습니다. 훨씬 좋군요.

Is there anything on sale today?
오늘 세일하는 것이 있나요?

I like that style over there. Do you have any other color?
저 스타일이 좋군요. 다른 색깔은 없습니까?

Can I try it on? How does it look?
입어 봐도 될까요? 잘 맞나요?

Do you have a mirror? Where is a fitting room?
거울은 없나요? 피팅룸이 어디에 있죠?

It's a little big (small).
조금 크네요(작네요).

That's a lot more than I expected. Can you come down a little?
생각보다 너무 비싸군요. 가격을 좀 낮추어 주실래요?

It's defective. I'd like to exchange this dress.
결함이 있습니다. 이 옷을 바꾸고 싶습니다.

There is a stain on this clothes. I want to get a refund.
이 옷에 얼룩이 있습니다. 환불하길 원합니다.

 Is this dress on sale?
이 옷 세일하나요?

 It's not on sale at the moment.
지금은 세일이 아닙니다.

 Can I try it on? Where is the fitting room? I don't like this color.
입어 봐도 될까요? 피팅룸이 어디죠? 이 색이 마음에 들지 않군요.

 Is there anything else you would like?
맘에 드시는 것이 있나요?

 Can I see some perfumes? Can I get complimentary (free) samples?
향수 좀 볼까요? 무료 샘플 없나요?

Too expensive. Could you make a discount?
너무 비쌉니다. 할인해 주실래요?

 I will give you 10 percent off.
10% 할인해 드리겠습니다.

 Can you lower the price a little more?
가격을 좀 더 낮추어 주실래요?

 OK. 15%. Would you like that gift wrapped?
알겠습니다. 15%. 선물 포장을 해드릴까요?

 I bought this a little while ago.
조금 전에 이것을 샀습니다.

Can I exchange this?
이것을 교환해도 되겠습니까?

 Yes. You can exchange it with anything of the same price.
네. 같은 가격 어느 것이든 바꿀 수 있습니다.

 Sorry to bother you. I want to return this. I'd like a refund.
죄송합니다만 반환하려고 합니다. 환불해줄 수 있나요?

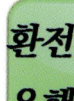   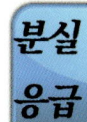 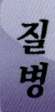

269

How do I get to A from here?
이곳에서 A까지 어떻게 가죠?

I'm looking for A. Will you show me the way to A?
A를 찾고 있습니다. 어디로 가는지 알려주실래요?

Excuse me. Do you know where A is?
죄송한데 A가 어디에 있는지 아세요?

Hello. I need to get to A. How can I go there?
잠깐만요. A까지 가려는데 어떻게 가죠?

May I ask for some help? Do you know how to get to A from here?
도와 주실래요? 이곳에서 A로 어떻게 가는지 아세요?

Can you direct me to the nearest convenience store?
가장 가까운 편의점 좀 가르쳐 주실래요?

I seem to have lost my way.
길을 잃은 것 같습니다.

How do I go to this address? Which way should I go?
이 주소로 어떻게 가지요? 어디로 가야 하죠?

Could you direct me the way? How far is it to A?
가는 길을 가르쳐 주실래요? A까지는 얼마나 먼가요?

Can I go there on foot? How long does it take on foot?
걸어서 갈 수 있나요? 걸어서 얼마나 걸리죠?

Is this the right direction to A?
A로 가는데 이 방향이 맞나요?

Should I go through the alley?
골목길을 지나가야 하나요?

Can you tell me where I am? Show me where I am on the map.
여기가 어디죠? 지도상에 제가 어디 있는 지 가르쳐 주세요.

 I am allergic to A. I got a rash and urticaria on my body.
A에 알러지가 있습니다. 몸에 발진과 두드러기가 났습니다.

Where is the nearest pharmacy or hospital?
가장 가까운 약국이나 병원이 어디죠?

 There is no pharmacy around here. You need to go to hospital.
이 근처에 약국이 없습니다. 병원에 가야합니다.

 Is it close by? Is it far from here?
가깝나요? 여기서 머나요?

 A Hospital is a couple of miles away from here.
A병원이 이곳에서 2마일 정도 거리에 있습니다.

 How can I get there?
그곳에 어떻게 가죠?

 When you pass the traffic light, turn right and keep going straight.
신호등을 지날 때, 우회전하고 쭉 직진하세요.

And turn left at the next intersection.
그 다음 교차로에서 좌회전하세요.

 Could you tell me in more details?
좀 더 자세하게 설명해 주실래요?

 No problem. I will show you on this cell phone map.
알겠습니다. 이 휴대폰 지도로 가르쳐 주겠습니다.

I am on my way to A hospital. I guess I lost my way.
A병원으로 가는 중인데 길을 잃은 것 같습니다.

Is this road to A hospital? Could you help me get to A hospital?
이 길이 A병원으로 가는 길인가요? A병원 가는데 도와줄 수 있나요?

Where is the currency exchange office or bank?
환전소나 은행이 어디에 있나요?

I'd like to exchange some money.
돈을 좀 바꾸고 싶습니다.

Can you exchange Korean money for US dollars?
한국 돈을 미국 달러로 바꿀 수 있습니까?

What's the exchange rate today?
한국 원에 대한 환율이 얼마이죠?

Would you change a $100 bill?
100 달러 지폐를 잔돈으로 바꾸어 주실래요?

All twenties(tens), please.
모두 20(10) 달러로 주세요.

Can I change this bill into coins?
이 지폐를 동전으로 바꿀 수 있습니까?

May I exchange this traveler's check for cash?
여행자 수표를 현금으로 바꿀 수 있나요?

I'd like to open a bank account. And can I have a debit card?
은행계좌를 만들고 싶습니다. 그리고 직불카드를 받을 수 있나요?

Can I use my account right away?
바로 지금 제 계좌를 사용할 수 있나요?

I want to deposit $500 in account.
계좌에 500달러를 입금하겠습니다.

I want to take $200 out of my savings account.
통장에서 200$를 인출하고 싶습니다.

Is there a cash (ATM) machine? Cash machine ate my card.
현금 지급기가 있을까요? 현금인출기가 신용카드를 먹었습니다.

Excuse me. Is there a bank nearby?
실례합니다. 근처에 은행이 있나요?

Do you exchange foreign currency?
외국 돈을 환전해주나요?

What currency do you want to exchange?
어떤 돈으로 바꾸시길 원하시죠?

I'd like to change Korean money into US dollars.
한국 돈을 미 달러로 바꾸고 싶습니다.

What's your exchange rate for the Korean Won?
한국 원에 대한 환율이 얼마이죠?

1150 won per dollar. How much do you want?
달러당 1150원입니다. 얼마를 원하죠?

I want exchange this money for dollar.
이 돈을 달러로 바꾸어 주세요.

How do you like your money?
어떻게 가져가시겠습니까?

100 dollars and the rest tens.
100달러와 나머지는 10달러로 주세요.

Here you are.
여기 있습니다.

I'd like to send money to this number.
이 계좌로 송금하고 싶습니다.

Would you show me your passport?
여권 좀 보여주실래요?

Sign your name here, please.
이곳에 사인을 해주세요.

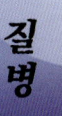

 May I take pictures here?
이곳에서 사진을 찍어도 되나요?

May I use a flash?
플래시를 사용해도 되나요?

Would you please take a picture?
사진 좀 찍어 주실래요?

Will you take my picture in front of this place, please?
이곳에서 사진을 좀 찍어 주실래요?

Could you make sure that building is in the background?
저 빌딩이 뒤에 나오게 해주실래요?

 Could you take a photo for us?
우리들 사진을 좀 찍어주실래요?

Can I take a picture of you?
당신 사진을 찍어도 되겠습니까?

Could I take a picture with you?
당신과 사진을 같이 찍어도 될까요?

May I take your picture with us?
우리와 함께 사진을 찍으실래요?

 Shall I take a picture for you?
당신의 사진을 찍어 드릴까요?

Please, move back one step.
한 발 뒤로 물러서 주세요.

Move a little to the right.
우측으로 조금 옮겨주세요.

Let me take one more.
한 장 더 찍을게요.

 Where can I wash my hands? (Where is the bathroom?)
화장실이 어디 있습니까?

I'm looking for the restroom. Where is the rest room?
화장실을 찾고 있는데 어디에 있습니까?

Is there a public restroom around here?
이 주변에 공중화장실이 있나요?

May I use the bathroom?
화장실을 사용해도 되나요?

Is this a pay toilet?
유료화장실입니까?

There is no toilet paper. Where could I get a toilet paper?
화장지가 없네요. 어디서 화장지를 구하지요?

The restroom is locked. Is there someone in the toilet?
화장실 문이 잠겨져 있네요. 화장실에 사람이 있나요?

I'd like to have bowel movement.
대변을 보고 싶습니다.

 Hello. Is anybody in there? I am in a hurry.
안에 누가 있나요? 저 급해요.

How long do I have to wait?
얼마나 기다려야 하죠?

I am on the toilet. Sorry, give me a little more time.
화장실 사용 중입니다. 조금만 더 기다려 주세요.

I have no bowel movements.
변비입니다.

The toilet is clogged.
화장실 변기가 막혔습니다.

 사교  업무  업무  항공

Help! Thief. He robbed my bag. Get him.
도와주세요! 그가 가방을 빼앗았어요. 잡아주세요.
I was robbed. He is a robber. Stop him.
강도를 당했습니다. 그는 강도입니다. 잡아주세요
She is a thief. Pickpocket. Over there. Get her.
그녀는 도둑입니다. 소매치기예요. 저기입니다. 잡아주세요.
Would you call the police?
경찰에게 전화를 걸어 주실래요?
My wallet is gone. I think that someone stole my purse.
지갑이 없어졌습니다. 누가 지갑을 훔쳐간 것 같습니다.
Officer.(Police.) I got my wallet stolen.
경관님. 지갑을 도둑맞았습니다.
Someone hit me and threatened me.
누가 나를 치고 위협했습니다.
Officer. Could you help me? Someone is following me.
경관님. 저 좀 도와주세요. 누가 나를 따라오고 있어요.
Someone suspicious is hanging around.
수상한 사람이 서성거리고 있습니다.
I am really scared. Would you protect me?
정말 무서워요. 저를 보호해 주실래요?
Will you take me to the safe area?
저를 안전한 곳까지 데려다 주실래요?
Don't bother me. Leave me alone. You'd better go away.
귀찮게 하지 마세요. 내버려 두세요. 저리 가는 게 좋을 겁니다.
I am going to yell. I'm going to call the police.
소리 지를 겁니다. 경찰을 부르겠습니다.

 Stand and deliver. (Stop and hand over.)
꼼짝말고 다 내놔.

 I don't have expensive items.
비싼 것은 가지고 있지 않습니다.

 One move and you are a dead man.
움직이면 죽인다.

 Spare me, please.
제발 살려주십시오

 Give me your money.
돈내놔.

 I'll give you all my money. Have mercy on me.
있는 돈은 다 드릴게요. 살려주세요.

 Hit the ground and hand me your wallet.
바닥에 엎드리고 지갑을 내놔.

 OK. Don't hurt me.
알았으니 해치지 마세요.

 Please, call the police.
경찰 좀 불러주세요.

Thank you for coming, officer.
와 주셔서 감사합니다. 경관님.

I was robbed. Someone robbed my wallet.
강도를 당했습니다. 누가 지갑을 빼앗아갔습니다.

Robber was gone already. Have you seen anyone suspicious?
강도는 이미 가버렸습니다. 의심이 될만한 사람을 보셨나요?

 Robber had taken all. Don't walk down the street alone at night.
강도가 다 가져갔군요. 밤에 길을 혼자 걸어다니지 마세요.

I seem to have lost my bag.
가방을 잃어버린 것 같아요.

My bag is gone. I can't find my bag anywhere.
제 가방이 없어졌어요. 제 가방을 어디에서도 찾을 수 없어요.

I forgot to take my bag with me when I got off the bus.
버스에서 내리면서 가방을 가지고 내리는 것을 잊어 버렸습니다.

I left my bag in the bus.
가방을 버스에 두고 내렸습니다.

Is there any way to find my bag?
제 가방을 찾을 방법이 있나요?

Where is the lost and found center?
분실물 센터가 어디에 있나요?

I've lost my bag. I left my bag in the taxi.
지갑을 분실했습니다. 택시에 지갑을 두고 내렸습니다.

I would like to report the loss of my bag.
제 지갑에 대한 분실을 신고하고 싶습니다.

It contained my wallet, cell phone and passport.
그곳에는 지갑, 핸드폰과 여권이 있었습니다.

I've lost my passport. I'd like to contact Korean embassy.
여권을 분실했습니다. 한국대사관에 연락하고 싶습니다.

I need to go to the Korean embassy to report that right away.
지금 대사관에 바로 신고하기 위해 가야 합니다.

I'd like to get my passport reissued. How long will it take to reissue?
제 여권을 다시 발급받고 싶습니다. 재발급하는데 얼마나 걸립니까?

 Call emergency.(911) I need help. Help!
911을 불러주세요. 도움이 필요합니다.

My friend fell to the ground in a faint. Hurry up, please.
그가 의식을 잃고 바닥에 쓰러졌습니다. 서둘러주세요.

 Hello, Is this emergency service center? We've got a patient.
응급구조 센터인가요? 환자가 있어요.

Patient is extremely ill. Patient is in serious condition.
환자는 매우 아픕니다. 환자는 심각한 상황입니다.

The patient is dying. We need emergency treatment.
환자는 죽어가고 있습니다. 긴급치료가 필요합니다.

 Would you help me? I got a cut on my finger with a knife.
도와주실래요? 칼로 손을 베었습니다.

Bleeding is not stopping. Do you have some band aids or plaster?
피가 멈추질 않네요. 밴드나 반창고 있나요?

Could I get some disinfectant?
소독약 좀 주실래요?

 I sprained my ankle. I think my ankle is broken.
발목을 삐었습니다. 제 생각에 발목이 골절된 것 같습니다.

Could I get some painkillers?
진통제를 좀 주실래요?

I think I need to go to a doctor. Where is the nearest hospital?
의사에게 가봐야 할 것 같군요. 가장 가까운 병원이 어디죠?

I need a splint. Please, take me to the hospital.
부목이 필요합니다. 저를 병원에 데려다 주세요.

I feel car (motion) sickness.
차멀미가 났습니다.

I feel sick. (I'm feeling under the weather.)
몸이 좋지 않습니다.

I haven't been feeling well for a few days.
며칠간 몸이 좋지 않았습니다.

I have a fever, headache, cough and runny nose.
열이 나고 두통이 있고, 기침도 하고 콧물이 납니다.

I have (catch) a cold.
감기에 걸렸습니다.

I seem to be coming down with a bad cold (the flu). I ache all over.
독감에 걸린 것 같습니다. 온 몸이 아픕니다.

I have a sore throat and chills.
목안이 아프고 오한이 납니다.

Do you have any cold medicine? Could I get some Tylenol?
감기약 있으세요? 타이레놀 좀 얻을 수 있나요?

I have indigestion. Could I have some medicine for indigestion?
소화불량인 것 같아요. 소화불량 약이 있나요?

I have an upset stomach. Could I have some medicine for an upset stomach?
배탈이 난 것 같아요. 배탈 약이 있나요?

I feel nausea. I feel like vomiting.
메스꺼워요. 토할 것 같습니다.

I have an allergy to peanuts. I got a rash and I am itching.
땅콩에 알러지가 있습니다. 몸에 발진이 나고 간지럽습니다.

Do you have antihistamines? (allergy pills, allergy medicines)
항히스타민제 (알러지 약) 있나요?

🧑 What seems to be the problem?
무슨 일이시죠?

👧 My stomach hurts. (I've got a tummy ache.)
I think I ate some rotten food. I've had diarrhea all day.
배가 아픕니다. 상한 음식을 먹은 것 같아요. 하루 종일 설사를 했습니다.

I haven't had a bite since yesterday evening.
어제 저녁부터 아무 것도 먹지 못했습니다.

🧑 I'd like to examine you. please lie down on the table.
Does it hurt where I touch?
검사를 할게요. 진찰대에 올라가 누우실래요? 만지는 곳이 아픕니까?

👧 No. But my body aches all over. It seems to be getting worse.
아뇨. 하지만 온 몸이 아프네요. 점점 더 나빠지는 것 같습니다.

🧑 Is there anything in your past history, such as diabetes, hypertension, tuberculosis, hepatitis and allergy?
과거에 당뇨병, 고혈압, 결핵, 간염, 알러지 등을 앓은 적이 있습니까?

👧 No. I've always been healthy.
없습니다. 항상 건강했습니다.

🧑 Have you ever been hospitalized due to any serious illnesses?
어떤 심한 질환으로 입원한 적이 있나요?

👧 No. I've never been hospitalized before.
아닙니다. 전에 입원해 본 적이 없습니다.

🧑 I think your problem is due to food poisoning. We will run a few tests.
제 생각에 식중독 때문인 것 같습니다. 몇 가지 검사를 하겠습니다.

I will prescribe you some medicine. Take it three times a day.
약을 처방해 드리겠습니다. 하루에 세 번 복용하시기 바랍니다.

You can fill your prescription at the pharmacy.
처방전을 가지고 약국에서 약을 받으십시오.

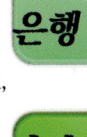

Think globally, act locally
and always inspire creative ability.

국제적인 생각으로,
실천은 지역에서부터 시작하고,
항상 창조적 능력을 고취시켜라

만약 영어에 능숙하지 않을 때, 먼저 꺼낼 수 있는 표현들

저는 영어를 조금만 할 줄 압니다.

I can speak a little English.

I can speak a bit of English.

영어를 잘 이해하지 못합니다. 천천히 말씀해 주실래요?

I can't understand very well in English.

Could you speak more slowly?

또는

I am not good at English.

Would you mind speaking a bit more slowly?

대화중 어려움이 있을 때

뭐라고요? 다시 말해주실래요?

Pardon me? Come again? Excuse me? Say again?

I beg your pardon? Would you say that again?

What was that again?

지금은 영어로 생각이 잘 안 나네요.

It's on the tip of my tongue in English.

I can't recall it right now in English.

I can't think of it at the moment in English.

영어로 잘 표현 하지를 못 합니다.

I can't express myself very well in English.

자신의 마음을 진취적이고 긍정적으로 바꾸어 주는 좋은 문구들

Think globally, act locally.
Manage yourself and time, and then lead others.
Be the self-motivated people & Enjoy your work.
Try to keep good constitution.
Feel bio-energy and whole connected world.
Freedom has many different faces.
Enjoy commonality and ordinary life.
Try to fuse the technology and the liberal arts.
Love has unlimited ways.
Do your best and never give up.
Our thoughts become things.
Try to be more intelligent and brilliant.
Burst inspiration & Inspire next.
Put focus on people relationship.
Proceed to next goal.
Keep smiling and keep yourself happy.
Keep emotionally healthy.
Insightful thinking and methodical approach.
Focus on what you are paying attention to.
Make no distinction and use positive term.
Turn idea into reality.

Become intensely aware of what is happening in this moment.
Respect privacy and individuality.
Patience is a virtue.
Be a warm hearted person.
Be diligent and live in the moment.
No waste time. Time is of the essence.
Keep healthy and lively condition.
Enjoy working out and keep in shape.
Simple is better.
Let it be and let it go.
No pain, no gain.
Love draws love.
Rest in peace and act in passion.
Free from any bias.
Just be yourself.
Be a citizen of the world.
Don't attach to desire.
Get organized to increase the power of creation.
More understanding needed, not more persuasion.
Keep up-to-date with the latest thinking.
Feel the social change and use social stream.

Passion for knowledge and truth.
Gather information and become more adaptive.
Open your mind and Level with others.
Don't wander off in the distractions of the past and future.
Building self confidence is the heart of self development.
There is nothing you can do to change a past moment.
Have a global mind.
Feel whole life energy and enjoy your life.
Follow your heart and humanity.
Getting ready is the secret of success.
Be in fashion and try to be confident.
Be one whom nobody can imitate.
Experience is the best teacher.
A sound mind in a sound body.
Step by step one goes very far.
Have a general idea of what is going on in the world.
Focus on positive thoughts and forward thinking mind.
Feel and understand the mainstream of society
and modern life.
Creative thoughts and works impact the world.
Constancy of purpose achieves the impossible.
Power is in your thoughts.
Enjoy liberal mind.

Go confidently in the direction of your dreams.
Feeling happiness make you healthy.
Expectation is the powerful attractive force.
Your love attracts positive power.
Kindness is the golden chain.
Develop your general knowledge and ability to think.
Decide your fate for yourself.
Great capacity for patience and understanding.
Everything has the value, but not everyone sees it.
If you don't aim high, you will never hit high.
Happiness is a perfume you cannot pour on others
without getting a few drops on yourself.
Spirituality is not about what you're doing,
it's about what you're being.
Great minds think alike.
It all depends on how we look at things,
and not how they are in themselves.
We were given two ears but only one mouth.
This is because God knows that
listening is twice as hard as talking.
The more curious you are,
the more possibilities you will open throughout your lifetime.

비지니스 영어 이메일 비즈니스 영어회화

1판 1쇄 2017년 5월 18일

편저   / 아시아북스 편집부
펴낸이 / 임준형
출판사 / 아시아북스(AsiaBooks)
등록 / 2015년 8월 5일 제 2015 - 000065 호
주소 / 서울시 송파구 문정동 법원로55 송파아이파크 오피스텔 C동 903호
전화 / 02-407-9091
팩스 / 02-407-9091
E-mail : Asiabooks@naver.com

저자와의 계약에 의해 아시아 북스 출판사에서 발행합니다.
본서의 내용 일부 혹은 전부를 무단으로 복제하는 것은 법으로 금지되어 있습니다.
파본은 교환하여 드립니다.

검인은 저자와의 합의 하에 생략합니다.

ISBN 979-11-955956-5-5 (13740)